Entendendo o que ele e ela pensam e querem

HOWARD J. MORRIS & JENNY LEE

Tradução
Ana Carolina Bento Ribeiro

Copyright da tradução © 2011 by EDITORA NOVA FRONTEIRA PARTICIPAÇÕES S.A.

Título original: Women are crazy, men are stupid

Copyright © 2009 by Howard J. Morris e Jenny Lee

Esta edição foi publicada de acordo com Simon Spotlight Entertainment, uma divisão da Simon & Schuster, Inc.

EDITORA RESPONSÁVEL
Márcia Batista

PRODUÇÃO EDITORIAL
Ana Carla Sousa
Flávia Midori

REVISÃO DE TRADUÇÃO
Mariana Gouvêa

REVISÃO
Clara Vidal e Rodrigo Ferreira

DIAGRAMAÇÃO
Filigrana

CIP-Brasil. Catalogação na fonte
Sindicato Nacional dos Editores de Livros, RJ

M858m	Morris, Howard J.
	Mulheres são loucas, homens são estúpidos : entendendo o que ele e ela pensam e querem / Howard J. Morris e Jenny Lee ; [tradução de Ana Carolina Bento Ribeiro]. - Rio de Janeiro : Agir, 2011.
	Tradução de: Women are crazy, men are stupid
	ISBN 978-85-220-1279-4
	1. Relação homem-mulher. I. Lee, Jenny. II. Título.
11-0873.	CDD: 306.7
	CDU: 392.6

Texto estabelecido segundo o Acordo Ortográfico da Língua Portuguesa de 1990, em vigor no Brasil desde 2009.

Todos os direitos reservados à Agir, selo da Editora Nova Fronteira Participações S.A., uma empresa Ediouro Publicações Ltda.

EDITORA NOVA FRONTEIRA PARTICIPAÇÕES S.A.
Rua Nova Jerusalém, 345 – Bonsucesso – 21042 -235
Rio de Janeiro – RJ – Brasil
Tel.: (21) 3882 -8200 – Fax: (21)3882 -8212/8313
www.novafronteira.com.br
sac@novafronteira.com.br

Para mamãe e papai, Muriel e Larry Morris,
com admiração e respeito por seus primeiros
cinquenta anos juntos
— HOWARD

Para minha mãe, Haekyong, e meu irmão
maravilhoso, John, com muito amor. Tam-
bém dedico este livro a todas as mulheres
loucas que já amaram um homem estúpido
— JENNY

Sumário

Introdução	9
1 A história da louca e do estúpido Resposta da Jenny: Como funciona a cabeça da mulher	21
2 Admitindo que somos estúpidos Resposta da Jenny: O asterisco*	33
3 Conhecendo a mente estúpida Resposta da Jenny: Estupidez número 6.789	44
4 O romance estúpido e enlouquecedor	59
5 Entre uma mulher e sua loucura Resposta da Jenny: Seja esperto, não provoque	89
6 Linguagem dos sinais Resposta da Jenny: Se você der sua namorada para um furão raivoso...	108
7 Uma mulher contraditória Resposta da Jenny: Bem me quer ou mal me quer? Como vou saber sem flores para me responder?	128
8 Destruindo expectativas Resposta da Jenny: O que esperar quando você está esperando uma pizza	151
9 O estúpido e a cidade Resposta da Jenny: A louca e a cidade	177
10 Empatia com a maluquinha Resposta da Jenny: Uma bela pousadinha para Shane	202
11 Louco amor Resposta da Jenny: Romeu, teu nome é Howard	223
Depois	242
Agradecimentos	245

INTRODUÇÃO

MULHERES SÃO LOUCAS, HOMENS SÃO ESTÚPIDOS

F<small>IZ BESTEIRA DE NOVO.</small> Dessa vez aconteceu tão rápido que nem percebi. Não poderia ter previsto aquilo. Achei que seria uma noite razoavelmente tranquila. Mas não foi. A expressão no rosto dela era tão inconfundível quanto reconhecível: o espanto, a raiva. A cabeça balançando de um lado para o outro em total descrença. Aquele olhar que diz: "Você *realmente* fez essa coisa horrível que acabou de fazer comigo? *De novo?!*" E então suas palavras explodem na minha cara igual metralhadora: "*Você não me ama o suficiente? Ou suas necessidades sempre vêm em primeiro lugar? Ou é simplesmente burro demais para perceber o que eu quero?*"

"ESSAS SÃO MINHAS OPÇÕES?", grito. "SÃO MINHAS ÚNICAS OPÇÕES?"

A resposta certa é a terceira opção, claro. *Sempre* é. Simplesmente sou estúpido demais. Mas ela não quer ouvir isso. Ela acha que o fato de eu ser um leitor voraz e ter um papo sensacional significa que devo ter noção do que ela quer de mim. Mas não tenho. Na maioria das vezes, não sei muito bem por que ela está chateada ou sobre que diabos está falando. Porque, francamente, embora na maior parte do tempo ela seja totalmente amorosa e maravilhosa, no resto parece mais louca que uma ratazana presa atrás de comida. (E digo isso com todo carinho, querida.)

O calor daquele momento específico acabou se dissipando, mas várias outras vezes nos encontrávamos inevitavelmente enterrados no sofá, olhando distantes para o nada: ela se perguntando como eu poderia ser tão imbecil e eu, mais uma vez, tentando entender como ela podia ser um poço tão fundo de maluquice. Mas então, uma noite, ela simplesmente deu de ombros, levantou as mãos, pareceu ser tomada por algo como aceitação, ou derrota, e disse:

— É isso, né? Simples assim.

— O quê?

— As mulheres são loucas e os homens são estúpidos.

E, de repente, todo aquele mundo obscuro se iluminou.

— As mulheres são loucas e os homens são estúpidos — repetiu ela.

— Esse pode ser seu próximo livro! — exclamei.

Jenny Lee, a pessoa responsável por essa conclusão brilhante e minha namorada, riu da minha sugestão, como os escritores fazem quando ouvem algo como "Esse pode ser seu próximo livro!" (E, para ser justo, certa vez ela me disse que estava tendo muitos "sentimentos mal-orientados e superafetivos", e também pensei que fosse um bom título para seu próximo livro. Talvez criar títulos não seja um dos meus dons.)

Porém, no dia seguinte, fui incapaz de tirar essa ideia da cabeça. Quanto mais pensava nela, mais me fazia rir e assentir, como se fosse puro senso comum. Mas o que exatamente eu sabia? E como eu sabia que sabia? Ainda assim, sabia: mulheres são loucas e homens são estúpidos. Era uma forma tão simples e ao mesmo tempo tão reveladora de ver as coisas... Perguntei-me se isso poderia ser o ponto de partida para começar a entender os relacionamentos mais importantes e irritantes de nossas vidas.

Então repeti a frase para meu amigo Sean, um homem constantemente perplexo diante das ações do sexo frágil — em particular, de sua namorada. Ao ouvir aquelas palavras, Sean riu como eu rira e assentiu como se já soubesse daquilo, exatamente como eu fizera. Então vi que a mesma lâmpada que se acendera na minha cabeça se acendera na dele. Ele passou os três dias seguintes dizendo à namorada que ela era totalmente maluca e ele um completo idiota. (Depois eles terminaram. Tenho certeza de que não foi só por isso.)

A outra ideia que me intrigava era que, em essência, eu sempre vivera de acordo com a lógica dos homens estúpidos e das mulheres loucas. E isso também se aplicava ao meu trabalho. Muito do que eu escrevia era sobre homens tolos e mulheres insanas que eles não entendiam. Eu havia escrito uma peça sobre a inacreditável batalha que os sexos travam para simplesmente se comunicarem, chamada *Homens não compartilham*. E toda minha carreira na televisão se baseara em roteiros sobre a incapacidade de homens e mulheres compreenderem uns aos outros. Mais especificamente, durante quatro anos fui roteirista de *Home Improvement*, um seriado de TV muito popular nos anos 1990, nos Estados Unidos. Também sabia que aos 44 anos eu já era esperto o suficiente para entender algumas coisas que nunca conseguira antes, mas ainda era estúpido o suficiente para ser eu mesmo. No fim do dia, eu sabia que tinha que escrever este livro.

Também sabia que era estúpido demais para escrevê-lo sozinho.

Precisava da ajuda da mulher mais engraçada, mais sincera e mais maluca que eu conhecia; a primeira pessoa a dizer aquelas palavras mágicas. Naquela noite, quando tentei conversar com Jenny sobre trabalhar comigo neste livro, ela ficou fascinada com a ideia, mas também preocupada com os possíveis efeitos negativos que poderia ter na nossa relação. Mas eu estava determinado. "Vamos fazer isso juntos!", disse, empolgado. "Seremos o casal que escreve junto!" E aquilo tocou seu lado romântico. Ela achou a ideia muito melhor do que ser o casal que faz aulas de dança de salão junto.

Então, no dia seguinte, fiquei na porta esperando Jenny chegar em casa. Ela estava trabalhando como roteirista do seriado *Samantha Who?*, e eu mal podia esperar para compartilhar minhas ideias recém-rascunhadas com ela. Sua reação à minha introdução foi consideravelmente boa, mas o primeiro capítulo — que eu havia intitulado "Eu estou gorda?" — deixou-a mais preocupada. Ela deu uma olhada no título e me perguntou: "É isso o que você acha? Que estou gorda?"

Imediatamente desejei que tivéssemos escolhido a aula de dança. Um passinho pra cá, um passinho pra lá...

JENNY: Quando meu querido namorado Howard sugeriu que escrevêssemos um livro juntos, eu não soube dizer se ele estava brincando ou não (bem-vindo ao mundo de dois roteiristas de comédia que vivem juntos). Então presumi o que eu esperava ser sua resposta, que, é claro, ele estava brincando. *Ha. Ha. Ha. Olhe só você, meu engraçadinho. Tipo, é a coisa mais louca que já ouvi, e quem melhor do que eu para reconhecer uma loucura, né? E não só é a coisa mais louca que já ouvi, é também a mais absurdamente idiota* — ai, merda. Foi aí que percebi que ele não estava brincando.

Ele estava falando muito sério, tanto que já havia escrito a introdução de um livro que ainda nem estava escrito, bem como o capítulo 1, cujo título era "Eu estou gorda?" (mais tarde trocado sob ameaça de morte). Então, antes mesmo de começar a poetizar sobre a insanidade de sua empreitada, vi-me em primeiro lugar encarando a tarefa mais importante: descobrir quem era exatamente a pessoa em questão neste "Eu estou gorda?" — sabe, a pessoa a quem ele se referia —, pois eu sabia, ou melhor, rezava pelo bem dele. Howard, meu amor, não se refira a mim nesse tópico em particular. Porque, como todo mundo sabe, mesmo os estúpidos, nada enlouquece uma mulher louca tão rápido quanto falar sobre seu peso.

O primeiro indício de que a loucura estava ali foi a entonação da minha voz quando eu disse: "Então, sobre quem você escreveu o capítulo 1? Hein?" O segundo e mais forte indício é que eu nem deixei que ele respondesse à pergunta. "É só para confirmar, porque eu *sei* que você nunca escreveria sobre mim quando o assunto é esse, certo?"

Durante cinco segundos ficamos nos olhando, os olhinhos piscando, sem dizer nada, até avançarmos no capítulo que estava entre nós sobre a mesa de jantar. Impasse. Cada um pegou o papel de um lado, e infelizmente ficou de cabeça para baixo para mim. Foi difícil ler a primeira página, que, devo admitir, não continha meu nome. Mas, como seus dedos ficaram brancos de tanto fazer força e uma gota de suor escorria de sua testa, eu sabia a resposta.

— Você está maluco? — perguntei.

Ele me respondeu entredentes:

— Essa não é sua especialidade?

Não teve graça. Com um puxão — e talvez um grito de "tem uma aranha na sua cabeça", para distraí-lo —, consegui pegar as páginas e subi correndo com elas. Ele me caçou, gritando: "Viu? Foi isso que eu quis dizer. Você está agindo como uma louca! Pelo amor de Deus, a gente é roteirista de comédia! Nosso trabalho é exagerar para fazer graça. Temos que comer."

Gritei de volta: "*Sou uma gorda, acha que não sei que temos que comer?*"

HOWARD: Foi quando percebi: *Peraí. Ela está agindo como uma louca completa. Neste exato momento está sendo essa mulher maluca sobre quem esse livro fala. É o livro vivo! É a prova viva da premissa! Isso é genial! Tirando uma coisa. Se ela está agindo como uma maluca, não devo estar muito longe da estupidez. Funciona como causa e consequência. Mas sempre defendi que ela era a causa e que eu só sou a consequência.*

JENNY: Desci como um trovão escada abaixo, ao encontrar a prova incriminadora na página 2. "Hoje de manhã, quando se olhou no espelho, examinando sua barriga..." Pô, aquilo não era estupidez; era suicídio. "Examinando minha barriga? Sério? Examinando minha barriga." (Ele recuou novamente: repetições sarcásticas da minha parte significavam que não haveria dó nem piedade.) "Nossa, engraçado eu estar examinando minha barriga quando hoje de manhã você jurou que eu nem *tinha* barriga", berrei. "Eu sabia! Você me acha gorda!"
— Não acho que você seja gorda. Te acho linda.
Só podia estar de brincadeira. Ele realmente achava que me enrolar com o velho truque do "você é linda" ia salvar sua pele? Será que ele não percebia que eu estava segurando todas as provas de que precisava bem na frente dele? Sacudi as folhas só para o caso de ele ter esquecido. "Você (sacode) também (sacode) acha (sacode) que (sacode) sou (sacode) gorda. Está bem aqui, preto no branco. Está me chamando de mentirosa também?"
De repente, ele abriu seu sorriso mais encantador. "Tá vendo como você está louca agora, querida?"

HOWARD: Pois é, descobri que nunca é uma boa ideia chamar uma mulher de "querida" quando estiver falando sobre o peso dela. Mas agora estava mais claro do que nunca o quanto estávamos preparados para escrever este livro. E, vamos admitir, muitos livros sobre relacionamentos têm "especialistas" autoproclamados com reconhecimento questionável — ou zero — na área escolhida. Nem autobiografias de viciados em drogas são reais! Mas não sou um desses espertinhos distribuindo pérolas de sabedoria do alto de um pedestal de papel. Não, eu sou o verdadeiro exemplar. Sou um homem incrivelmente idiota. Um ignorante genuíno. Tenho anos e anos de estupidez nas costas, dos quais extraio conhecimento, quando o assunto é mulher. E tenho testemunhas. Leitoras de tudo que é canto prontas para fazer propaganda deste livro atestando minha burrice.

E ninguém é mais qualificada para falar sobre "loucura" do que Jenny. Quero dizer, ela é tão despirocada que... Ah, sabe, pensando bem, talvez seja melhor eu não me gabar da minha namorada. Poderia falar sem parar sobre ela, mas não quero parecer puxa-saco.

JENNY: "Este livro é uma péssima ideia." Às vezes é melhor dizer isso claramente. Expliquei que sua percepção (no capítulo com o infeliz título "Eu estou gorda?") de que um homem nunca deve discutir o tópico "Eu estou gorda?" com uma mulher era bem esperta para um idiota. Mas *escrever sobre* sua namorada supostamente gorda ia além da estupidez, já que ao fazer isso ele estava na verdade *envolvendo* uma mulher (eu) na discussão do "Eu estou gorda?", coisa que ele supostamente havia percebido que jamais deveria fazer. Além do mais, ele estava se propondo *continuar* escrevendo sobre todas as burrices que faz e que me enlouquecem. Como isso não vai me deixar irritada?

HOWARD: Mas este livro não é para um acusar o outro, como já expliquei: é para parar de negar que somos essas pessoas idiotas e insanas e entender como nos tornamos tão estúpidos e loucos. E também para saber o que podemos fazer com isso agora, se somos capazes de reconhecer o que realmente somos e jogar luz sobre alguns dos nossos momentos menos inteligentes em relacionamentos. Quero dizer, se pelo menos um homem conseguir se tornar um *pouco* menos estúpido e uma mulher um *pouco* menos louca depois de ler este livro, não será fantástico?

JENNY: Não é que eu não acreditasse na verdade contida no título deste livro — já que eu fui a primeira a dizê-la. Mas calmamente expliquei que, é claro, poderíamos escrever um livro muito engraçado sobre como os homens são estúpidos e as mulheres são loucas que poderia mesmo ajudar os casais a se comunicarem melhor, e poderíamos usar nosso relacionamento como fonte para este livro engraçado e cheio de novas ideias. Até concordei sem resistência que provavelmente não havia duas pessoas mais aptas que nós a escrever tal livro, visto que éramos burros e loucos o suficiente para tal, *mas isso era tudo o que eu tinha a dizer.*
— Hã?
(Este é o som básico que um homem estúpido emite quando não entende uma mulher louca.) É claro que eu sabia por que ele estava confuso: o que eu *parecia* dizer era que deveríamos escrever este livro juntos. Mas é claro que ele era estúpido demais para entender que o que eu queria dizer era exatamente o oposto do que eu dissera.

HOWARD: Hã?

JENNY: Ele ficava me falando que a beleza do livro era não ter uma visão unilateral, e que a nação queria, ou melhor, a nação merecia saber que a única coisa que se igualava aos pícaros de sua própria idiotice era o fato de sua namorada ser "mais louca que uma ratazana presa atrás de comida". AIMEUDEUS! O que ele estava fazendo? Lamentei:

— Que homem é estúpido o suficiente para chamar a namorada disso quando está falando com ela? Você está fazendo DE NOVO!

— De novo? Nem sei o que fiz antes! E não te chamei diretamente de ratazana procurando comida, era apenas uma metáfora para a sua loucura!

Foi aí que o interrompi, usando o tom de voz de uma mulher cuja camisa de força não está bem-amarrada — meio ríspido e muito assustador.

— Eu sei o que é uma metáfora.

HOWARD: Ela de fato metia medo. Seu olhar era frio, sinistro, penetrante e tudo que for pior que isso.

JENNY: Aí joguei a bomba.

— A gente vai terminar por causa desse livro.

— A gente não vai terminar por causa desse livro — foi a bobagem que ele respondeu.

Uau, desde quando ele é vidente?

— Como você pode dizer isso? Você não sabe o que vai acontecer.

— Nem você.

Aí ele fez aquele gesto de tirar os óculos e esfregar o rosto. Isso pode ser interpretado como cansaço ou uma tentativa de se certificar de que seus olhos estão bem presos na sua cabeça e não vão pular para fora com a discussão.

HOWARD: "A gente não vai terminar por causa desse livro", gritei novamente.

A menos que isso aconteça. Aí serei estúpido. E ficarei sozinho. Serei um homem estúpido e solitário desejando ter um pouco de loucura na vida.

JENNY: "Tudo bem, tudo bem", disse eu, do jeito que há séculos as mulheres dizem "tudo bem" quando realmente querem dizer "não está tudo bem". "Mesmo que a gente não termine por causa desse livro" — mas a gente vai terminar — "como vamos escrevê-lo? Como a louca e o estúpido vão trabalhar juntos? Especialmente num livro sobre como eles são loucos e estúpidos?!"

— Mas o livro não é *só sobre a gente* — disparou. — É sobre todo mundo!

— Você continua dizendo isso, mas sempre que senta para escrever é essa história de você ser idiota e eu, gorda!

— Mas assim é o mundo!

— Então eu *estou* gorda?

— NÃÃÃÃO!

HOWARD: Neste momento, um homem mais esperto teria simplesmente abandonado o navio. Mas uma das melhores coisas da minha estupidez sempre foi minha determinação cega. Expliquei que, já que o que havia escrito a magoara tanto, eu escreveria metade do livro, e ela, a outra metade. "E não vamos ler o trabalho um do outro! Assim ficamos livres para escrever o que realmente sentimos sem ficar com medo de magoar o outro. Assim podemos fazer um livro mais sincero, verdadeiro e que contribua.

— E como vamos escrever um livro sem lê-lo?

— A gente não vai deixar de ler nossas partes — expliquei. — E só vamos escrever uma nota do autor na primeira página. "Nota para o leitor: os autores deste livro não o leram de fato. E, por favor, não conte a eles o que está escrito."

Houve uma pausa enquanto eu tentava entender o que acabara de ouvir.

Então nós dois afundamos no sofá em nossas posições desanimadas de costume, olhando para a parede em busca de respostas que pareciam nunca chegar. Finalmente, virei para ela e disse:

— Você realmente acha que vamos terminar por causa desse livro?

— Há uma grande possibilidade — respondeu ela, triste. — Quero dizer, uma relação já é difícil o suficiente quando você simplesmente nega tudo. Quando você realmente abre o jogo e escreve sobre isso, então...

JENNY: Howard me interrompeu e me abraçou. Eu estava quase chorando e me recusava a olhar para ele. Um impasse. Um exemplo perfeito de uma louca em conflito com um estúpido. Lá estávamos nós, duas pessoas que se amavam e que respeitavam a inteligência e o senso de humor um do outro, incapazes de chegar a um consenso. Ele ergueu as mãos.

— Tudo bem. Esqueça o livro. Você é mais importante que qualquer livro idiota — disse ele, desapontado, mas acho que sincero.

— Jura? — sempre bom confirmar.

Ele deu de ombros.

— Sim, juro.

Eu o abracei e ele me abraçou. Eu o beijei e ele me beijou. Ei! Eu estava feliz.

— Acho que devemos escrever o livro juntos.

Houve um longo silêncio, e então ele disse o que eu já esperava.

— Hã?

No fim das contas, optamos por um formato em que Howard escreve um capítulo e Jenny escreve outro em resposta. (Tirando o capítulo 4, que fala sobre o épico tema estúpido/louco do romance. Jenny não conseguiu esperar a vez e logo meteu o bedelho.) O livro não é tanto "ele diz/ela diz", mas "ele diz/ela reage". E, sim, nós dois lemos o livro inteiro. É realmente bom! Vire a página!

1

A HISTÓRIA DA LOUCA E DO ESTÚPIDO
QUEM VEIO PRIMEIRO?
A LOUCA OU O ESTÚPIDO?

A principal razão para as mulheres serem loucas
é que os homens são estúpidos.

— GEORGE CARLIN, COMEDIANTE AMERICANO

Não há dúvidas de que todas as mulheres são
loucas; é só uma questão do quanto.

— W.C. FIELDS, COMEDIANTE AMERICANO

CERTA VEZ levei uma mulher a um retiro espiritual.

Quando digo "levei", não quero dizer "levei de carro". E
quando digo "retiro espiritual", sim, estou falando daqueles
lugares onde você renuncia ao sexo e às posses mundanas e
canta mantras o dia inteiro.

Eu a levei a um retiro espiritual, onde ela viveu durante
muitos anos.

De acordo com ela, eu a levei à loucura.

E quando ela diz que a levei à loucura, ela não está querendo dizer que é francesa, que fizemos amor na beira do Sena e
ela gritou "Oh la la, monsieur! Você me deixa loucaaaaaaa!"
Foi mais como: "Alô? É do hospício? Arrumem um quarto com
paredes acolchoadas e uma camisa de força. Chego aí às 15h."

E ela não era francesa.

Se fui realmente eu quem a deixou maluca ou se ela já tinha essa tendência é uma questão que discutimos durante muito tempo. Talvez tenha sido apenas uma combinação infeliz das duas coisas. Mas como disse meu amigo Stephen na época: "Vou te dar um desconto dessa vez. Mas se sua próxima namorada também acabar se mudando para um retiro espiritual, *vou saber que a culpa é sua.*" Bom, fico feliz em dizer que nenhuma das minhas namoradas (ou minha ex-mulher) posteriores se mudaram para um retiro espiritual. Pelo menos ainda não. Mas, numa pesquisa informal entre elas, um tema sempre vem à tona: minha estupidez. E quando dizem "estupidez", não estão se referindo à minha falta de conhecimento das capitais dos Estados Unidos, mas a uma espécie de falta de noção que demonstrei *ao lidar com elas*. E com suas necessidades. Resumindo, elas defendem que minha estupidez as deixou malucas. O que é interessante, pois sempre achei que foi a loucura delas que me deixara estúpido.

Mas esse é exatamente o problema, não é? Então, qual é a resposta?

Quem veio primeiro: a louca ou o estúpido?

É a pergunta que vale um milhão, aquela que todos queremos responder. As mulheres são loucas porque os homens são estúpidos? Ou os homens são estúpidos porque as mulheres são loucas? Não surpreende que a maneira como respondemos a essas duas perguntas nos divida claramente em dois gêneros. Mas vamos encarar: há muitos motivos por trás dessa resposta, para todos. As mulheres defendem que, ao longo da vida, são lenta e metodicamente enlouquecidas por homens estúpidos. E os homens afirmam ser impossível para qualquer um agir de forma inteligente com uma mulher que está surtando. Se simplesmente conseguirmos provar quem surgiu primeiro, o outro lado terá o direito de culpá-lo por toda a eternidade.

Como se fosse simples assim.

Sim, há uma resposta para quem surgiu primeiro: o estúpido ou a louca.

E a resposta está aqui.

Mas devo alertar que ela só oferece um pouco de conforto para todos aqueles que estão ansiosos para começar a culpar o outro. Como na química, toda ação causa uma reação, que por sua vez causa outra reação. A estupidez causa a loucura, que causa mais estupidez, que resulta em mais loucura e assim por diante. É apenas olhando para trás e traçando a difícil e confusa história de homens agindo como estúpidos e mulheres agindo como loucas desde o início que poderemos começar a entender de verdade as origens da insanidade na era da estupidez. Ou as origens da estupidez na era da insanidade.

E não se preocupe, há muitas oportunidades para culpar o outro.

O MISTÉRIO SOLUCIONADO

A história do homem estúpido é longa e variada e sempre termina com algum idiota começando uma guerra. Mas a estupidez masculina moderna aplicada especificamente às mulheres é muito mais interessante e relevante para nosso objetivo aqui. Na verdade, ela tem suas raízes nos parquinhos da infância. Foi ali que tivemos o primeiro contato com as garotas. Foi também ali que percebemos pela primeira vez que gostávamos dessas criaturas estranhas. Elas faziam a gente se sentir engraçado. Mas no *bom* sentido. Engraçados de um jeito terno e sentimental. É claro que naqueles primeiros anos não era aceitável falar sobre esses novos sentimentos para nossos coleguinhas, por medo de receber em troca um longo discurso sobre os perigos de pegar piolho. Mas ainda assim queríamos que aquela deusa de cinco anos de idade e rabo de cavalo soubesse que gostávamos dela. Então o que fazíamos?

Batíamos nela.

Ou a jogávamos na lama e ríamos dela. (Mil desculpas, Susan Freyberg.)

E assim nossa estupidez começava.

Mas como poderia ser diferente? Nunca tivemos uma chance. As pancadas e os empurrões (mais uma vez peço desculpas, Susie) eram as únicas formas que conhecíamos para nos expressarmos! Eram nossa forma de dizer: " Olha, eu sei que não é legal a gente brincar junto por causa dos piolhos, mas eu curto você." Mas não dá muito certo. Ela começa a chorar, e estamos completamente despreparados para isso. E ela continua chorando até que algum adulto explique que batemos nela porque gostamos dela.

E aí começa a loucura.

"Peraí. Ele me joga na lama porque gosta de mim? O que ele é? Um imbecil de cinco anos? Meu hamster é mais esperto que ele!"

Então somos tragados para uma vida inteira de estupidez por algum adulto "bem-intencionado" que nos diz para "usar as palavras" em vez de bater. Aí a coisa vai de mal a pior. Usar as palavras já é difícil o suficiente para homens adultos, quanto mais para garotinhos. Ainda assim, damos um jeito de nos expressar. Porque simplesmente precisamos estar perto dessa fascinante mas irritante criatura tão doce. Então começamos a fazer piadas com elas. Como fazemos com nossos amigos. E faz total sentido para nós, porque piadas são palavras. E piadas são divertidas! Quem não gosta de se divertir?!

Aparentemente, as garotinhas.

Que, mais uma vez, saem correndo da sala histéricas, às lágrimas, porque acham que estamos tirando sarro delas. E estamos! Mas só porque gostamos delas! Mais uma vez explicam isso para a deusa de cinco anos e rabo de cavalo (Viu? Tudo isso porque eu gostava de você, Cindy Cirello), que mais uma vez questiona em sua sanidade: *"Bom, primeiro o idiota me bate porque gosta de mim. E agora ele me chama dessas coisas feias porque gosta de mim? O que um menino faz quando NÃO gosta de você?* E COMO EU VOU CONSEGUIR DIFERENCIAR?"

Um começo pouco promissor para alcançar a verdade.

Então, agora, com falta de confiança, incerteza e confusão abundantes — tudo antes mesmo da puberdade —, ambos os sexos se recolhem em seus respectivos cantos e vivem os anos seguintes em relativo isolamento. Enquanto os anos do primário passam, olhamos furtivamente "o outro" e estudamos cada movimento seu.

E, vou te contar, como elas são diferentes da gente.

Vivemos entre elas, mas não somos uma delas — como um biólogo estudando macacos. Observamos o relacionamento de nossos pais na esperança de pescar uma ou outra dica sobre esse lance da guerra dos sexos. (O mais frequente é papai e mamãe serem um exemplo do que não se deve fazer.) Assistimos à televisão, e ela apresenta uma visão ainda mais distorcida da relação entre homens e mulheres.

Mas aí algo acontece.

Magicamente algumas coisas começam a se encaixar. Aprendemos que o humor masculino é diferente do humor feminino. Também começamos a entender as sutilezas de uma conversa. Ou pelo menos o básico. Fica claro que perguntar a uma garota sobre ela e sobre o que ela gosta de fazer é sempre um bom ponto de partida. Já pela sexta série, de fato começamos a chegar a algum lugar. Conversamos com elas. E elas conversam com a gente. E, quando fazemos piadas, elas parecem sempre rir na hora certa. Nós efetivamente começamos a dar os primeiros passos na compreensão do sexo frágil.

Aí chegam as férias de verão.

E quando as garotas voltam na sétima série, elas têm peitos.

E tudo o que aprendemos até então imediatamente some de nossas mentes.

Sim. Derrubados pelos peitos. É verdade. Foram os peitos que nos desviaram.

O que costumava ser uma simples conversa com uma garota não é mais simples. Nem sequer é uma conversa. "Oi, Peitrícia! Ops, desculpe, Patrícia! Como foram suas férias Peit — Pat!?" E é claro que o nome da garota era algo como Pamela Hoberman (Mil desculpas, Pam!).

Nessa fase, quando uma garota começa a falar, uma névoa grossa parece tomar conta de nossos cérebros.

Não consigo pensar. Peitos.

Não consigo falar. Peitos.

Qual era mesmo o nome dela? Peitos.

Qual é mesmo o *meu* nome? Peitos.

Queria poder dizer que voltamos à estaca zero, mas é muito pior que isso. Porque os peitos tomam conta da parte do cérebro masculino em que o "conhecimento feminino" costumava ficar. Nada entra ali. E nada sai. É quase como se nunca tivéssemos aprendido qualquer coisa. Retornamos a níveis de maturidade nunca vistos em nosso comportamento até então. Na hora do almoço, rimos quando comemos *peito* de frango. Na educação física, sacaneamos nosso coleguinha quando trabalhamos o *peitoral*. E até na aula de literatura qualquer palavra terminada com "peito" — res-*peito*, des-*peito* — é motivo de piadinha.

E, portanto, mais lenha é colocada na fogueira da loucura.

E quem pode culpá-las? Começamos a conferir seus peitos bem na fase em que começamos a nos comunicar de verdade. Então, quando ela finalmente grita "Você está olhando para os meus peitos!", nossa cabeça já começou uma lenta mas contínua derrocada rumo à loucura. "Mas não é culpa nossa! São os peitos!", gritamos para a garota que nos deu as costas. (Apenas a primeira das muitas costas de mulheres com que falaremos nos anos vindouros.) Mas ainda assim insistimos: *não são os homens que tornam os homens estúpidos. Peitos tornam os homens estúpidos.*

Mas já sabemos disso. Basta observar a evolução do sinônimo inglês da palavra "peito": "boob". Nos Estados Unidos, ela é usada para se referir a um *cara estúpido*. Os peitos somos nós. Claro que muitos homens superam os peitos e vão viver relacionamentos saudáveis e felizes. Infelizmente, muitos outros garotos se tornam os homens barrigudos que ficam sentados o dia inteiro no sofá, assistindo a programas que mostram peitos.

Também é interessante notar que algo totalmente inesperado acontece quando os garotos conhecem os peitos. É nesse momento que os gays historicamente começam a superar os heterossexuais no conhecimento sobre mulheres. Sua percepção apurada das mulheres e de seu funcionamento começa a florescer porque eles não se distraem com peitos. Então eles realmente conseguem ouvir o que as mulheres têm a dizer. Essa é uma grande vantagem quando se tenta aprender sobre as mulheres. Então as pessoas que realmente poderiam tirar proveito desse privilégio nunca conseguem. E aqueles que conseguem não estão nem aí.

A história do estúpido e da louca está abarrotada de ironias como esta.

MALDITOS PEITOS!

Nos anos imediatamente posteriores à volta às aulas das meninas da sétima série, os sexos se distanciam mais uma vez um do outro por algum tempo. Por muito tempo. Sim, há paqueras e paixonites e amassos e coisas feitas dentro de carros em posições estranhas. Mas em termos de compreensão mútua, há pouquíssimo progresso. O ensino médio serve como um afastamento dos grandes passos que parecíamos estar dando na fase PP (pré-peitos). As garotas encontram consolo em turminhas recém-formadas, muitas vezes baseadas em nada mais do que a opinião geral de que os garotos são muito estúpidos. E os garotos se trancam em seus quartos e basicamente ficam se masturbando até entrarem para a faculdade.

A PAIXÃO DA FACULDADE

A faculdade é onde o próximo grande capítulo da história do estúpido e da louca é escrito. Porque a faculdade é uma época de crescimento incrível para ambos os sexos. É quando meninos estúpidos tornam-se homens estúpidos e meninas loucas transformam-se em loucas varridas. Essa sedimentação de identidades não é a tragédia que parece à primeira vista. Porque é na faculdade que nos apaixonamos de verdade pela primeira vez.

E o amor muda tudo.

O amor — ou seja lá o que for isso que nos deixa acordados até tarde nos quartos fumando cigarros, bebendo, obcecados, falando sem parar sobre nossos sentimentos — é um acontecimento importantíssimo, assim como quando descobrimos pela primeira vez a existência do outro no parquinho, tantos anos atrás. Mas agora os riscos são maiores. Porque é amor.

E o amor muda tudo.

Os homens ainda são estúpidos, claro. Mas agora somos estúpidos a serviço do amor. E não há imperativo maior. Se as mulheres enlouquecem por amor, que assim seja. Nada no universo é maior. Não é mais uma questão de conseguir tocar em um peito ou escondê-lo debaixo de um moletom. Agora somos loucas e estúpidos em um novo nível.

AS LIÇÕES DE ELIZABETH

Eu estava na aula obrigatória de redação criativa do primeiro período. Ela entrou na sala, e tudo mudou. Fiquei vidrado, até hoje. Não sei como me apaixonei tão rápido e tão intensamente. Não era a beleza dela. Não era a personalidade forte e extrovertida. Não foi a forma como ela insistiu que era da Filadélfia, quando na verdade era do sul de Nova Jersey.

Pode ter sido sua risada generosa, uma gargalhada segura que parecia me dar a legitimação que eu aparentemente desejara a vida inteira. Não importa o que era, mas de uma coisa eu tinha certeza: ela era a mulher dos meus sonhos.

Nós nos tornamos amigos rapidamente. Depois bons amigos. E então amigos que faziam todas as refeições juntos. E então amigos de várias conversas por dia. Amigos que batiam na porta do quarto do outro a qualquer hora do dia ou da noite.

E aí eu disse que queria que fôssemos mais que amigos.

E aí ela disse que gostava de ser só minha amiga.

E aí eu disse que queria muuuito que fôssemos mais que amigos.

E aí ela disse que valorizava muuuito a nossa amizade.

E aí ela começou a falar do Bob. Bob era seu namorado da época do colégio que agora fazia faculdade em San Francisco. Ela parecia achar que ainda rolava "um clima" entre ela e Bob. Eu achava que não rolava.

Essa foi a primeira das minhas interpretações erradas. Eu achava óbvio estar acontecendo algo espetacular e transformador entre nós, e isso não podia ser negado.

Ela negou.

Então resolvi *provar* que ela me amava tanto quanto eu a amava. Isso mesmo. Eu ia provar a ela que aquilo que ela achava não ser amor de fato era.

E aí entrei num nível totalmente novo de estupidez.

Sempre que tinha oportunidade, mostrava a ela o quanto eu era maravilhoso e o quanto ela era feliz comigo. Também nunca perdia a oportunidade de mostrar o quanto ela era *infeliz* com qualquer outra pessoa — especialmente uma pessoa chamada Bob.

Ela começou a se irritar.

Eu comecei a me irritar por ela estar tão irritada.

Ela finalmente disse que estava chateada por eu querer transar com ela. Ela considerava isso uma traição à amizade.

Estava desapontada comigo porque achava que éramos amigos. Eu disse: "AMIGOS PODEM TREPAR! AMIGOS DEVEM TREPAR! SE VOCÊ NÃO PODE TREPAR COM UM AMIGO, COM QUEM VOCÊ PODE TREPAR?!"

Aí ela disse que a gente devia passar um tempo sem se falar. E passamos um tempo sem nos falar.

Então, várias semanas depois, liguei para ela no meio da noite. Suado e agitado, perguntei se havia chance de rolar algo entre nós algum dia. Isso mesmo. Depois de ser repetidamente rejeitado durante três meses seguidos, pedi que deixasse claro o que ela achava do nosso futuro. Parecia uma pergunta meio idiota, considerando tudo o que acontecera antes. Mas insisti mesmo assim.

— Existe alguma chance de rolar algo entre a gente?

— Não.

— Quando você diz "não" está querendo dizer "sim"?

— Não.

— Não *sim* ou não *não*?

Então ela respirou fundo e disse:

— Somos linhas paralelas.

Eu disse:

— Hã?

Ela repetiu:

— Somos linhas paralelas. Podemos chegar muito perto, mas nunca vamos nos tocar.

Foi isso o que ela disse: *"Podemos chegar muito perto, mas nunca vamos nos tocar."*

Até hoje sinto como se alguém estivesse chutando meu saco repetidamente com um sapato de bico fino quando penso nessas palavras. Foi a pior coisa que alguém já havia me dito até então. (Desde que fui trabalhar em Hollywood, ouvi coisas muito piores.) Mas eu era um jovem apaixonado. E aquilo abriu um buraco no meu coraçãozinho.

Mas ainda bem que ela disse aquilo.

E disse daquele jeito horrível. Porque eu finalmente *entendi*. Aquilo finalmente desfez a névoa que encobria meu cérebro de qualquer racionalidade. Finalmente percebi que, durante todo o tempo em que ela dizia que só queria ser minha amiga, *ela realmente queria ser só minha amiga*. Parece um conceito extremamente simples tantos anos depois. Mas o amor sempre nos torna burros. E eu era um bobo apaixonado. Você pode ser coisas piores, mas um bobo apaixonado ainda é um bobo.

No fim das contas, o que enlouqueceu Elizabeth foi que eu simplesmente não a ouvi. Nenhuma vez.

Não ouvir uma mulher é o golpe final para enterrá-la na loucura.

Os homens não ouvem as mulheres por vários motivos. Na maioria das vezes simplesmente não queremos: elas são confusas, barulhentas e requerem muita concentração. É como ouvir uma língua diferente. Quem tem tempo para isso? Mas, quando não ouvimos, elas começam a deixar de confiar em nós, e adivinha o que isso lembra a elas? Aquele primeiro dia de aula na sétima série em que só conseguíamos olhar para seus peitos.

É isso. Estupidez num novo nível resulta na mesma velha loucura.

UMA BREVE HISTÓRIA
DO ESTÚPIDO E DA LOUCA

Revisando:

Nós batíamos nelas no parquinho porque gostávamos delas.

Aí ríamos delas até elas chorarem.

Aí olhávamos para seus peitos.

Aí não as ouvíamos. Nenhuma vez.

QUEM NÃO ENLOUQUECERIA DEPOIS DISSO TUDO?

Então, o que a história do estúpido e da louca nos ensina?

Ensina que, definitivamente, de uma vez por todas, sim, A ESTUPIDEZ VEIO PRIMEIRO. Os homens de todo o universo carregam a responsabilidade de lutar contra sua idiotice inata e tornar o mundo um lugar melhor para as mulheres. Mas, antes que todas as leitoras saiam protestando pelas ruas com cartazes de A ESTUPIDEZ SURGIU PRIMEIRO, lembrem-se de uma coisa: a estupidez pode ser curada. Mas a loucura muitas vezes é para sempre. Isso mesmo. Os homens podem ficar menos estúpidos. É um processo árduo, sem dúvida, que requer muitas e muitas horas de dedicação ao aprendizado. *Mas ainda é mais fácil que ficar menos maluca.* E ainda assim, é isso o que uma mulher deve tentar fazer para superar a distância que a separa de seu homem.

A sanidade das mulheres pode ser tão frágil que mesmo as relativamente estáveis podem adquirir uma "loucura defensiva". A simples ideia de que o homem que amam vai agir de forma idiota no futuro as deixa loucas antes mesmo de ele fazer qualquer coisa idiota. Sim, elas enlouquecem por antecipação! Isso acaba na síndrome "Homem não presta", que é um desastre completo.

Eu disse que era complicado.

Mas em sua primeira resposta, tenho certeza de que Jenny nos dará uma ótima noção de como realmente funciona a cabeça de uma mulher.

RESPOSTA DA JENNY

COMO FUNCIONA A CABEÇA DA MULHER

E essa tal de Elizabeth, era bonita? Hein?

2

ADMITINDO QUE SOMOS ESTÚPIDOS
POR QUE NÃO FAZEMOS ISSO E
POR QUE PRECISAMOS FAZÊ-LO

Esta é uma das minhas piadas clássicas preferidas:
Um cara está andando na praia e encontra uma garrafa. Ele a abre e dela sai um gênio dizendo que ele tem direito a um desejo. (O cara queria que fosse uma gênia gostosa, mas um desejo de graça é um desejo de graça, certo?) Então o cara pensa um pouco e responde: "Bem, eu adoro o Havaí. Mas tenho medo de avião. Quero que você construa uma estrada para o Havaí!" Mas o gênio balança a cabeça e fica na defensiva. "Está falando sério? Uma estrada para o Havaí? São milhares de quilômetros. E todo aquele asfalto, a mão de obra... Sabe, isso é muito difícil de fazer. Você quer algo além da estrada?" O cara pensa um pouco e diz: "Tem uma coisa: não entendo as mulheres. Você pode me ajudar a entendê-las?" E o gênio diz: "Quantas pistas você quer na estrada?"

Lembra o momento mais engraçado do filme *Tootsie*? (Isso considerando o quanto esse filme é engraçado.) Não importa se você esqueceu esse filme de 1982, de um momento todo mundo lembra. É depois que a personagem de Jessica Lange revela a Dorothy Michaels — Dustin Hoffman vestido de mulher — o que realmente quer de um homem. Ela quer que o cara pare de fazer todo aquele joguinho de relacionamento e admita estar confuso. Ela diz que adoraria se alguém simplesmente lhe dissesse: "Olha, eu podia te passar o maior papo, mas a mais pura verdade é que eu te acho muito bonita e quero muito transar com você." Então, mais tarde, Dustin Hoffman, na pele de seu personagem masculino Michael Dorsey, vê Jessica Lange em uma festa. Ele vai até ela e diz *exatamente a mesma coisa* que ela sonhou que seu homem perfeito diria, e ela joga o drinque na cara dele.

Ninguém entende as mulheres.

Elas mesmas não se entendem.

Deus criou o homem e disse a ele: "E agora farei algo realmente confuso..." Até gênios com poderes mágicos estão perdidos. As mulheres nos deixam acordados a noite inteira, nos revirando, e pela manhã realmente achamos que temos alguma noção do que pelo menos uma delas quer, só para sermos completamente surpreendidos por ela antes mesmo de vestirmos as calças.

E, ainda assim, os homens não conseguem admitir que não sabem de nada quando o assunto é mulher. Eu mesmo relutava em admitir isso. Achava que o sucesso em outras áreas garantisse o sucesso nesta. Achava que meu dom para a racionalidade e a lógica pudesse realmente ajudar. Agora tenho certeza de uma coisa: o homem mais estúpido que você já conheceu é aquele que acha que entende as mulheres.

O que não significa que devemos parar de tentar.

Mas devemos reconhecer a grandiosidade da tarefa: tentar chegar perto de compreender o incompreensível. Mas a humildade é nossa amiga nesta jornada. Quanto mais perto chegamos do cerne da mente feminina, mais perto estamos de perceber que não sabemos absolutamente nada. E aí finalmente começamos a chegar a algum lugar.

Um homem deve conhecer suas limitações.

— DIRTY HARRY CALLAHAN, NO FILME *MAGNUM 44*

Até Dirty Harry — o policial durão interpretado por Clint Eastwood — sabe que deve admitir sua fraqueza e a fragilidade humana. Mesmo assim, há homens que juram não precisar consultar o caríssimo sistema de GPS do seu carro — ainda que tenham insistido em comprá-lo. (Eu.) Ou os que juram não precisar falar sobre o que realmente o está incomodando — depois de esmurrar uma cômoda. (Eu de novo.) Ou os que juram não precisar mudar seu comportamento nos relacionamentos diante das crescentes provas de que seu comportamento atual não está dando muito certo. (Adivinha quem?)

Mas os fatos continuam os mesmos: se você é um homem, você é estúpido em relação às mulheres. Mas aqui está a boa notícia: não somos burros em relação a *tudo*. Quando o assunto são conhecimentos gerais, podemos ser muito espertos. Mas infelizmente *metade de nossas vidas* é gasta lidando com mulheres. Então, durante pelo menos metade do nosso tempo na terra, somos imbecis totais.

Um homem tem que conhecer suas limitações.

Vou contar por que gastei o período dos vinte e poucos aos trinta e poucos anos de forma imbecil ao não admitir que era estúpido em relação às mulheres: porque eu achava que isso significava que eu era burro em relação a *sexo*. E ninguém quer ser burro em relação a sexo. Então afastei qualquer pensamento de que poderia ser burro em relação a mulheres. "Esse cara aqui não, tá? Não o deus do sexo!" Mas na fase negra do meu casamento, quando a "intimidade" declinava até desaparecer completamente, temi ser, sim, burro em relação a sexo. Mas aí me divorciei. E quando voltei a transar com outras mulheres, percebi que não era tão difícil. É bem fácil, na verdade. Você realmente não precisa ter diploma para saber fazer isso. Não sou burro em relação a sexo! Então achei que tinha entendido tudo: minha ex-mulher simplesmente era maluca, e eu não era estúpido em relação às mulheres!

Mesmo assim continuei enfurecendo e frustrando mulheres de todos os tipos.

Nos meus novos relacionamentos continuei enfrentando as mesmas questões idiotas que tinha no casamento. E aí pensei: *"Peraí, qual é a constante aqui? Olhando matematicamente, cinquenta por cento de todo novo relacionamento ainda é a mesma coisa. Ainda sou* eu, *então devo ser estúpido em relação a* alguma coisa. *Se não é sexo, então o que é?"* Depois de mais alguns relacionamentos, tive que encarar o fato de que as mulheres em geral é que seriam a outra constante.

(É claro que cinquenta por cento de uma relação é a loucura. Mas ainda não podemos fazer nada a respeito disso. Os homens têm que começar eles mesmos. Um dos temas a que sempre retornaremos neste livro é: **Tome conta da estupidez e a loucura tomará conta de si mesma.**)

A outra razão pela qual detestamos admitir que somos estúpidos em relação às mulheres é que elas sempre nos *chamam de estúpidos.* Para suas amigas, para suas mães, para nós mesmos. E isso não é bom. É humilhante. Então, muitas vezes resistimos à verdade e atacamos de volta usando ofensas como "Piranha maluca!" — sempre tão bem-recebida —, ou simplesmente não dizemos nada. E nenhuma das duas reações nos ajuda a convencê-las de que não somos o que elas dizem. Mas, francamente, perceber que eu era estúpido foi a melhor coisa que já aconteceu comigo. Achei essa descoberta um grande alívio. Pelo menos há um nome para o meu problema, um diagnóstico que faz sentido: sou um idiota!

Infelizmente isso nunca funciona como uma boa desculpa para absolutamente nada.

Um homem deve conhecer suas limitações.

Anos atrás descobri uma razão decisiva para resistirmos tanto a admitir que somos idiotas. Entre tantas pessoas, foi um ator quem me fez refletir sobre o quanto precisamos nos ver como alguém diferente de quem somos. Escrevi o piloto de uma série de televisão que deixou o canal tão empolgado que concordou em produzir 13 episódios antes mesmo que eu escrevesse o roteiro. A série era sobre os dramas e o sofrimento de um mulherengo que agora levava o troco. (Os executivos de Hollywood adoram personagens que "levam o troco" quase tanto quanto amam "peixes fora d'água". O programa tinha as duas coisas!) Já com um divórcio nas costas, o humor adolescente do protagonista não caía bem para seus 35 anos — e com seus sucessivos fracassos nos negócios, ele fora forçado a assumir a empresa de organização de casamentos da mãe recém-falecida. A meu ver, uma pequena empresa de organização de casamentos seria um cenário divertido e eficiente para um cachorro velho tentando aprender novos truques. Cercado por mulheres — e noivas, que são as mais loucas das loucas —, ele era forçado a receber a educação de que precisava. Aprenderia a ouvir as mulheres enquanto também precisava aprender sobre *shantung* de seda.

O roteiro foi recebido pelo canal com o mesmo entusiasmo que o piloto. Agora só tínhamos que escolher o elenco. Quem não adoraria fazer o papel de um mulherengo incorrigível levando o troco e aprendendo a amar as mulheres? Era um papel principal em que o ator poderia realmente brilhar. Os diretores de elenco e o canal listaram vários nomes. Ficamos nos perguntando que astro cinematográfico em ascensão iluminaria a telinha por não resistir a interpretar aquele papel. Quem *não* gostaria de interpretar esse maravilhoso personagem?

Pelo que descobrimos, *ninguém*.

Nenhum ator de Hollywood queria participar daquilo. Astros de cinema, nem pensar; eu não conseguia nem o cara que limpava merda no zoológico. Para mim foi doloroso constatar que nenhum ator com qualquer tipo de reputação queria o papel ao qual eu me sentia tão conectado e que tinha tanto orgulho de ter escrito.

Foi só no dia em que tive uma reunião com um famoso astro da TV que ficou claro qual era o problema. A reunião foi muito boa. A conversa fluiu, e rimos bastante. Tirando o fato de que ele era bonitão e carismático, fiquei impressionado com o quanto era articulado e engraçado. Em determinado momento ele me disse: "Eu sei que transar com alguém que você ama é melhor", e fez uma pausa antes de continuar, "mas não é *tão* melhor assim". Ele era perfeito. Era o personagem que eu havia criado! E depois de ficar bastante tempo num seriado muito bem-sucedido direcionado a crianças de seis anos, ele estava procurando um papel que fosse adulto e romântico e que fizesse as pessoas esquecerem seu papel anterior. Prometeu que leria o roteiro e daria um retorno.

Para ser justo, ele realmente me deu um retorno. Já tive roteiros rejeitados por todos os atores de Hollywood. É normal. (Todos são rejeitados por todos em Hollywood. É por isso que temos a autoestima tão alta.) Mas esse ator foi o único a ligar e falar comigo diretamente sobre o motivo de ter rejeitado meu roteiro. Acho que realmente queria que eu entendesse alguma coisa. Ele disse que o roteiro era muito engraçado e até citou suas frases preferidas, mas falou que o que incomodava era o fato de o personagem ser "um idiota em relação a mulheres". Disse que "atores de certa idade — especialmente os famosos — não querem interpretar um cara que é um imbecil em relação a mulheres". O protagonista simplesmente não deveria ser assim. Essa era a função do coadjuvante. O melhor amigo é que era o estúpido em relação às mulheres. Ele continuou dizendo que ninguém acreditaria *nele*, especificamente, como um cara que não conhecesse as mulheres, e citou como exemplo a mulher com quem era casado — uma modelo e atriz linda e formosa.

Entendido.

Mas se ele realmente entendesse de mulheres, talvez ainda estivesse casado com ela.

No entanto, ele apresentou uma ideia interessante sobre nossa visão de nós mesmos: todos somos os protagonistas de nossas vidas. O que é bom. Quem quer ser o personagem secundário? Somos George Clooney. E não podemos ser bobos em relação às mulheres porque temos uma.

Mas nunca fomos bobos ao *pegar* mulheres.

Somos burros quanto ao que fazer depois disso.

Essa é a parte difícil. É quando deixamos de ser os protagonistas de nossas vidas e nos tornamos completos idiotas que devem se ajoelhar e admitir a Deus, a nós mesmos e às mulheres de nossas vidas que não temos noção de nada.

POR QUE CONTINUO CITANDO CLINT EASTWOOD

Um homem deve conhecer suas limitações — se ele vai ultrapassá-las.

Você nunca vai conseguir sair da prisão se não consegue sequer ver as grades. Como sempre dizem os bêbados quando se reúnem naquele grupinho, o primeiro passo é admitir que você tem um problema. Admitir é o primeiro passo para aprender, e se você aprende algo adivinha o que acontece? Você não é mais *tão* estúpido. Continua burro, só que não *tanto*. E por que é importante não ser *tão* estúpido?

EQUAÇÕES ESTÚPIDO/LOUCA

Tudo se resume a três equações matemáticas:

1) MULHER NORMAL + HOMEM ESTÚPIDO = MULHER LOUCA

Mas:

2) MULHER NORMAL + HOMEM INTELIGENTE = MULHER NORMAL

Mas:

3) MULHER LOUCA + HOMEM INTELIGENTE = MULHER LOUCA

O que isso significa: se um homem consegue diminuir seu nível de estupidez na relação, isso será combinado com uma redução equivalente ao nível de loucura da mulher. Um homem que reduz seu nível de burrice em, digamos, trinta por cento deve ser capaz de contar com uma redução de trinta por cento na loucura dela. Se isso não acontecer, é certo dizer que a mulher simplesmente tem um parafuso a menos e não vale a pena tentar mudar isso.

Temos que reduzir nossa burrice só para entender o que está acontecendo!

Se o homem não for mais estúpido, mas a mulher continuar louca e quiser que a relação funcione, adivinhe o que ela precisa fazer? Admitir que é maluca. Isso mesmo. A maioria dos homens não acredita que viverá para ver o dia em que suas mulheres admitirão serem loucas de pedra. Mas se o homem realmente viver de acordo com a crença de que, **se tomar conta da estupidez, a loucura vai tomar conta de si mesma,** e este dia pode estar mais próximo do que ele pensa.

RESPOSTA DA JENNY

O ASTERISCO*

Lá estava ele, sorrindo amarelo para mim, como um cachorro que acabou de largar um osso aos meus pés. Não reajo; em vez disso, simplesmente fico ali, com as mãos nos quadris. Ele está um pouco ofegante e então me cutuca com o nariz como se dissesse: "Vamos lá, é a sua vez, fale logo." Mas de repente me sinto mais cautelosa e teimosa.

— O que você quer saber exatamente? — estou enrolando. Eu sei. Ele sabe. Mas por enquanto ele quer entrar no meu jogo.

— Bom, simplesmente deixei meu orgulho de lado, tirei as máscaras e disse que os homens, inclusive eu, são estúpidos quando o assunto é mulher. Então agora é sua vez de admitir.

— Certo. Homens, inclusive você, são estúpidos quando o assunto é mulher.

Sorrio maldosamente. Afinal, era um cenário perfeito. Então, bato as cinzas de um charuto imaginário e digo: "Hahaha." Ele não acha engraçado, então rapidamente peço desculpas:

— Desculpe. É que não sei o que você quer de mim.

— Quero que você admita que as mulheres, inclusive você, são loucas! Vamos, você sabe que é uma via de mão dupla. Os dois precisam entrar no jogo! É... — ele cansa ao tentar repetir mais um ditado sobre casais.

— São necessárias duas pessoas para um assassinato seguido de suicídio? — espeto.

Ele franze a testa.

— Tudo bem, qual é o seu problema?

Ele não é tão estúpido quanto pensa. Sim, ele está certo. Realmente tenho um problema. Nos meus 21 anos de relacionamentos, vários homens vieram e se foram, e, apesar de agora estar comprometida e feliz, ainda faz pouco tempo que estamos juntos, se pensarmos grande. Por outro lado, tenho algumas amigas que estão por perto desde sempre e que realmente são tudo para mim, então não sei se posso empurrar todo o meu gênero ladeira abaixo com apenas uma frase.

— Você está sendo — ele hesita, escolhendo cuidadosamente as palavras — melodramática. Ninguém está sendo empurrado ladeira abaixo. Eu só quero que você admita a verdade. Sabe, você foi a primeira a dizer isso. Está renegando suas palavras?

— Não, não estou renegando. É que a parte da loucura não é tão simples quanto a parte da estupidez. *A estupidez é, por sua própria natureza, simples!*

— Você está complicando tudo. Você só tem que admitir que é meio maluquinha quando se trata de homens, só isso.

— Não acho que eu esteja complicando tudo. Acho que *é* complicado. Não posso fazer nada se tenho várias emoções confusas quando o assunto é esse, e só quero identificá-las antes de começar a falar, só isso.

— Não precisa ser uma questão emocional se você não a tornar emocional — disse ele, sem rodeios, como se realmente acreditasse que é possível falar sem envolver seus sentimentos.

Pronto, agora estou irritada. Agora estou falando e rangendo os dentes.

— Eu não *emocionalizo* as coisas. Eu não *complico* as coisas. Não é algo que eu possa controlar. Meu estado emocional não vem com um botão de liga/desliga.

Observo enquanto ele pisca por um segundo que parece eterno e sei que está pensando: "Quem dera... Quem dera o estado emocional dela tivesse um botão de liga/desliga..."

Então, repentinamente ele recupera as energias.

— Peraí, você está dizendo que sua incapacidade de controlar as emoções é que te deixa maluca?

De todas as coisas idiotas que poderiam ser ditas numa hora dessas...

— O quê? Eu sou incapaz de controlar minhas... — Aí paro imediatamente. Talvez ele saiba alguma coisa. Talvez seja isso. Sempre que nós, mulheres, atingimos nosso grau irremediável de loucura, geralmente é diante de algo essencialmente emocional. Talvez as mulheres sejam iguais àquelas balas com recheio de chiclete: você tem que mastigar feito uma louca para chegar ao centro molinho. Talvez a loucura seja uma carapaça dura, como uma armadura, algo que usamos para proteger nossos sentimentos. Se os deixássemos expostos, haveria centenas de caras estúpidos pisoteando-os. Precisamos da proteção da loucura!

Respiro fundo. Me sinto melhor. Estou pronta.

— Tudo bem. Eu sou louca. As mulheres são loucas. Asterisco.

— O quê?

— Eu admito, mas exijo um asterisco. Sabe, para fazer observações.

— Quem é você? Não pode ter um asterisco.

— Claro que posso. Olha só: *.

— Não, não é justo, eu não tenho um asterisco.

— Isso não é uma negociação! Só aceito admitir que sou louca com um asterisco. Porque não sou só maluca, ponto. Sou maluca com um asterisco, assim você pode ir ao fim da página e perceber que minha loucura tem uma justificativa emocional. Na verdade, preciso de dois asteriscos, um para mim e um para essa frase generalizante sobre o sexo feminino.

— Não, você está sendo ridícula.

— Não? Você não pode me negar um asterisco. Vivemos em um país livre para a escrita, caso você não tenha percebido. Nossa, eu não acredito que você não vai me dar um asterisco! O que isso significa para você? Não preciso da sua permissão para colocar um ou três. ***

— Então agora você quer três?

— Quero quantos me derem na telha. Agora quero quatro! ****

Então ele me lançou o olhar que dizia que eu era maluca, mas não me importei, pois sabia que tinha razão em estar tão defensiva. Sabe, é idiota ficar tão alterado por causa de sinais de pontuação. Como os homens são estúpidos.[1]

---

[1] A grande discussão de 2008 sobre o asterisco durou bem mais de uma hora, e eu disse a palavra "asterisco" pelo menos duzentas vezes mais. Howard, por não querer ouvir esta palavra nunca mais, finalmente concordou e me disse para ir em frente e usar a po**a do asterisco porque ele não estava mais nem aí.

3

CONHECENDO A MENTE ESTÚPIDA
É CULPA DA RESPOSTA IDIOTA?
OU DA PERGUNTA MALUCA?

E<small>XISTE UMA LÓGICA NA NOSSA ESTUPIDEZ.</small>

(Diferente da loucura, que é inacreditavelmente aleatória.)

Nossa estupidez não é bem fruto do acaso. Ela segue um padrão. Está profundamente arraigada em nós. E, como tudo nos homens, detém certa lógica. Certa consistência de pensamento, à qual nos agarramos diante de toda prova ao contrário. Temos uma noção quase primitiva de que os fatos estão a nosso favor e de que a verdade nos libertará. Então, o que dizemos às mulheres faz sentido *para nós*. E para outros como nós. Não soa idiota para outros homens. Na verdade, quando dizemos algo idiota, faz sentido para nós *antes* mesmo de abrirmos a boca. Faz sentido até mesmo *enquanto* estamos falando. Só quando nos atiram uma granada de volta e percebemos que de alguma forma provocamos aquilo é que nossa burrice começa a se revelar.

Então, uma mulher nos pergunta alguma coisa, porque sempre parece que dizemos o pior, justamente no pior momento, fazendo-a perguntar retoricamente a suas amigas: "Ele é tão idiota assim?" (E ela também sabe como pronunciar a palavra "idiota", de modo a enfatizá-la.) E aí, mais tarde, ainda indignada com a resposta fraca de seu homem, ela pergunta, irritada: "No que você estava pensando?!"

Aí vai o que estávamos pensando: *aquela pergunta era maluca.*

Na verdade, as maiores culpadas pelas respostas idiotas dos homens são as perguntas loucas feitas pelas mulheres. Essas perguntas não somente não têm sentido, lógica ou simplesmente são loucas, mas também requerem que leiamos a mente de quem pergunta para dar a resposta correta (desejada). E não sabemos ler mentes.

Jenny Lee tem uma incrível capacidade de me perguntar o que chamo de "pergunta irrespondível": a pergunta que implora por uma resposta, mas não tem resposta que preste. E eu tentar respondê-la pode ser extremamente prejudicial à minha saúde. A pergunta dúbia é um ponto de apoio para a mulher louca. Um dia antes de conhecer meus pais, Jenny perguntou:

— Se seus pais não gostarem de mim, você vai me dizer?

Minha cabeça dói só de repeti-la. Eu rezei por uma luz.

— O que você quer que eu faça?

— Quero que diga a verdade.

— Então vou dizer a verdade.

— A menos que seja ruim.

— Então vou mentir.

— Mas você não pode mentir para mim.

— Então não vou dizer nada.

— Mas se você não disser nada vou saber que é ruim.

— Então vou falar uma coisa boa de qualquer jeito.

— Mas aí você estará mentindo para mim. Já disse, não quero que você minta.

— Tem uma faca por perto?

— Por quê?

— Queria enfiar uma na garganta.

A seguir, apresento uma série de perguntas loucas que me foram feitas ao longo dos anos e as conversas que se seguiram, como elas *aconteceram,* e como *deveriam* ter *acontecido* — num mundo ideal. Mas não pense que foi Jenny quem fez todas elas. Ela não é mais louca que a média das mulheres. Mas para quem quiser controlar a pontuação, Jenny é responsável pelas perguntas número 204, 678, 1, 798 e 4009.

PERGUNTA LOUCA NÚMERO **204:** *Devemos contar ao outro se um de nós tiver um caso?*

— Quer dizer, tipo um *lanchinho da tarde* ou algo do gênero? — perguntei, esperançoso. Nada de bom pode resultar de uma pergunta dessas. Sempre defendo firmemente a posição de não contar nada.

— Mas você tem que me contar — diz ela.

— Por quê?

— Porque vou descobrir de qualquer jeito.

— E qual é a vantagem de acelerar *esse* processo?

— Porque, se eu descobrir e você *não tiver* contado, então vou saber que o caso *significou alguma coisa*. E, se significou alguma coisa, não tem volta.

— Mas se eu te contar, mesmo se *não tiver* significado nada, há a possibilidade de você me matar enquanto eu estiver dormindo.

— Você vai ter que pagar para ver.

— E se eu te contar *logo depois* de você descobrir?

— Tarde demais.

— Foi o que pensei.

E com o passar do tempo as perguntas continuam aparecendo e nossas cabeças continuam ficando tontas e ameaçando cair de nossos pescoços. O doloroso é que, mesmo quando você acha que está sendo esperto e respondendo da forma perfeita, acaba descobrindo que não está.

PERGUNTA LOUCA NÚMERO **678:** *Se eu morrer, quanto tempo você vai ficar de luto até arranjar outra mulher?*

— Pelo resto da minha vida, amor. Não conseguiria superar. Não tem como seguir em frente sem você.

Parece muito bom, certo? Errado.

— Então acabei com a sua vida? — diz ela. — Estar comigo é tão horrível que você desistiria de namorar para sempre?

— Não! Não! É que eu ficaria tão arrasado que...

— Mas você *tem que* seguir sua vida — pondera.

— Você está certa. Tenho que continuar vivendo. Então, viverei!

— Tá bem, tá bem. Chega desse negócio de viver. Mal fui enterrada, e você já está saindo com outra.

— Não estou saindo com outra, só estou vivendo.

— Sério, eu quero que você siga em frente. Mas, tendo em mente que eu sou o amor da sua vida, quanto tempo você vai esperar?

— Vou procurar uma puta depois de seis meses. E espero um ano para ter um relacionamento.

— *Você vai procurar uma puta seis meses depois de eu morrer?!*

— É o luto! Faz parte do luto!

— É assim que você honra minha memória? Transando com putas?

— Se serve de consolo, espero morrer antes. *Agora* seria uma boa hora.

PERGUNTA LOUCA NÚMERO **463:** *Você acha minha irmã bonita?*

Bem, esse é um território extremamente complicado. Já me fizeram essa pergunta quando a irmã era uma gatinha e depois quando a irmã parecia com o Babe, o porquinho atrapalhado do filme. E, para chegar à resposta exata, o cara também tem que levar em conta o que ela acha da irmã. (O que também significa que você tem que *saber* o que ela acha da irmã.)

RESPOSTA PARA O CASO "IRMÃ GOSTOSA DE QUEM ELA SENTE CIÚMES": "Ela é bonitinha... até. Sabe, ela não faz muito meu tipo. Sério, você com certeza é a mais bonita da família." Mas se você der a mesma resposta no caso de a irmã ser feia, terá sorte se receber dinheiro para o táxi até o banco da praça no qual você vai passar a dormir.

RESPOSTA PARA O CASO "IRMÃ FEIOSA DE QUEM ELA SENTE PENA": Ah, sim! Ela é bem bonita! Muito bonita! Principalmente depois de conhecê-la melhor.

Coitado do cara que confudir essas respostas.

Esse tipo de complexidade em responder perguntas dá um nó na cabeça dos homens. Nossos cérebros simplesmente não foram desenvolvidos para todos esses saltos, viradas e giros completos. Não é que sejamos meros idiotas, mas um homem tem que ser um gênio para saber responder corretamente às perguntas que as mulheres fazem.

PERGUNTA LOUCA NÚMERO 93: *Qual das minhas amigas você acha mais bonita?*

Responder a essa pergunta requer muita ginástica cerebral. Primeiro, o homem deve medir seu *real* nível de atração pelas amigas dela; depois, levar em conta o que ela acha da beleza das amigas; e, depois de descobrir qual delas ela acha *a mais bonita*, deve sufocar esse pensamento e dizer que a mais bonita é quem ele acha *a menos bonita*. Só assim ele pode esperar uma reação agradável como: "Você está certíssimo! Marlene tem um rosto lindo!" Se o homem derrapa e diz que acha a amiga mais gostosa a mais bonita, ele é acusado não apenas de ser um idiota, mas um idiota "clássico" sem visão. "Todos acham a Amy a mais bonita por causa dos peitões! Você é tão previsível! Você não tem um grama de personalidade, né?"

Quando eu era garoto, não havia mulher mais gostosa no planeta do que Farrah Fawcett, de *As panteras*. Aos 12 ou 13 anos, você certamente tinha aquele pôster dela ajoelhada de maiô vermelho, com os mamilos em evidência, pendurado em cima da cama. A cabeleira loura esvoaçante, o sorriso com dentes branquíssimos, enquanto você se masturbava. Uma defesa comum das meninas de 12 anos da época era: "Farrah não seria nada sem aquele cabelo e aqueles dentes." E os meninos geralmente respondiam: "E quem seria bonita sem cabelos e sem dentes?" Vejo que este era apenas o começo do padrão de perguntas malucas e respostas idiotas. Mas à medida que envelheço e amadureço, percebo duas coisas. A primeira: se simplesmente calássemos a boca e assentíssemos de forma solidária, talvez tivéssemos confortado todas aquelas garotas tão incomodadas pela nossa veneração à "pantera". A segunda coisa que percebi é que mesmo sem dentes e sem cabelo Farrah *ainda seria gostosa*.

Agora é fato: há perguntas loucas que as mulheres fazem às quais os homens hoje deveriam estar acostumados. E eles deveriam ser capazes de lidar com essas perguntas hábil e graciosamente. Sim, senhoras e senhores, estou falando sobre *aquela* pergunta.

PERGUNTA LOUCA NÚMERO 1: Eu estou gorda?

POR QUE É LOUCA: Ou você está, ou não está. E você sabe a resposta certa.

Posto isso, até o recém-casado mais idiota sabe que a resposta para a eterna pergunta é *sempre* não. Sem exceções. Você nunca deve dizer a uma mulher que ela está gorda. Nunca sugira que uma mulher está gorda. Nunca nem fique *perto de alguém* que esteja dizendo que *outra mulher* está gorda. Estou escrevendo isto em um café, e uma mulher que deve entender de doces acabou de pedir para experimentar um dos bolinhos de chocolate à moda da casa. Mas eu vou dizer alguma coisa? Claro que não. Se fosse casado com ela, *sugeriria* que ela pedisse o bolinho — mesmo se ela não estivesse a fim de comer um. *Não* sugerir isso, na cabeça de uma mulher, é dizer indiretamente que ela está gorda. E, sim, para todos que estão lendo isso agora, isso é loucura!

Então deve ser fácil responder a essa pergunta específica, certo? Ainda assim — em algum lugar do país, bem longe da minha casa —, quando uma mulher pergunta a um cara qualquer se ele notou que ela engordou alguns quilinhos, ele deveria ter se tocado de que ela queria uma resposta tão sincera quanto ele iria querer se perguntasse se ela já transou com alguém com um pau maior que o dele.

A RESPOSTA CERTA: "Não, querida, você está linda como sempre. Mas ele não disse isso. Por alguma razão, ele realmente pensou que aquele seria o primeiro dia na história do mundo em que uma mulher queria uma resposta sincera para a pergunta.

A RESPOSTA ESTÚPIDA: "Querida, se você está incomodada com o peso, dá para mudar isso."
É. Foi isso que ele respondeu.

EIS O QUE ELE ESTAVA PENSANDO: Talvez ela tenha engordado uns quilinhos. Ainda está linda, mas todo mundo pode melhorar, não é? E, pô, se ela realmente está incomodada com peso, deveria fazer algo a respeito. E, se eu confirmar o que ela já sabe, ela pode entrar logo para aquela aula de Pilates que tem adiado há tanto tempo. Não é que eu não a ame do jeito que ela é, mas o ideal não seria que ela se sentisse melhor consigo mesma? Ela também teria uma cabeça mais saudável *e* uma bunda mais durinha! Só temos a ganhar!
Não, não e não.
Só temos a perder.
E ele perdeu.
Mas o mais perturbador para todos nós é que, se ainda conseguimos nos dar mal diante da velha pergunta "eu estou gorda?" — um erro de iniciante —, como fazemos quando nos deparamos com as perguntas de loucura muito mais sutis que as mulheres fazem?

PERGUNTA LOUCA NÚMERO 798: *Você realmente gosta mais de ver futebol do que ficar comigo?*

A RESPOSTA ESTÚPIDA: Qual é o problema com o futebol?!

O QUE ELE ESTAVA PENSANDO: Como ela pode se comparar a uma bela jogada de artilheiro? O campeonato é uma instituição. Ela é uma mulher. Certo, ela é *minha* mulher. Mas também é *meu* time. São duas coisas incomparáveis. É como se me perguntasse se eu gosto mais de McDonald's do que dela. (E é claro que a comparação só pode dar em "Você gosta mais do McDonald's do que de mim? Certo. Então vá trepar com um Big Mac!")

A RESPOSTA CERTA: Futebol é só um jogo, querida. Você é o amor da minha vida. Você quer que eu corte o fio da TV agora? Porque eu corto esse fio, eu juro. Aí eu quebro a tela e te levo para um piquenique!"

Se ele tivesse dito isso, teria imediatamente inibido sua loucura, e ela teria recuado totalmente. O cara estaria assistindo ao jogo de novo em questão de minutos, e, no pior dos casos, ela teria aceitado deixar o piquenique para outro dia.

PERGUNTA LOUCA NÚMERO 389: *Você acha que eu estou certa? Ou é sua mãe quem está certa?*

A RESPOSTA CERTA: "Você, querida, você. Sempre."

A RESPOSTA ESTÚPIDA: "Tudo bem, vamos examinar isso *racionalmente*. Mamãe *realmente* tem razão em..."

Ops, aquele barulho foi um prato quebrando na cabeça dele?

O QUE ELE ESTAVA PENSANDO: *Ela é minha mamãezinha! Ela faz biscoitinhos gostosos em forma de avião para mim!*

O QUE ELE DEVERIA ESTAR PENSANDO: *Eu* moro *com você. Não com a minha mãe.*

UMA PERGUNTA INCOMPARAVELMENTE *DOCE*

Jenny foi comigo à casa dos meus pais, em Boston, pela primeira vez. Ela não precisava ter se preocupado tanto com o que eles achariam dela no dia em que a conheceram — eles a adoraram. Mesmo assim, ir ao local onde se formou a estupidez de um homem é estressante para qualquer namorada. Como se não fosse estresse suficiente, meus pais ainda convidaram outros parentes para conhecê-la. Num dado momento, eu estava conversando com o marido da minha prima quando percebi que Jenny, que conversava com meu amigo Sherman, estava sentada sozinha na namoradeira. Pensei: "Ei! Minha gatinha está sentada na namoradeira sem o namorado!" Então me levantei, atravessei a sala e sentei ao lado dela. Antes de sentar, peguei um punhado de docinhos num pote na mesa de canto e coloquei na boca. E então fiz carinho em suas costas. Ela abriu um sorriso doce e disse: "Adorei você ter vindo sentar perto de mim." Sorri de volta.

PERGUNTA LOUCA NÚMERO **4009:** Você veio para cá por minha causa ou pelos docinhos?

A RESPOSTA CORRETA: Por sua causa, querida. Com uma doçura igual a você, não preciso de mais nada.

Uma vez na vida dei a resposta certa! Infelizmente, eu estava cheio de docinhos na boca, então minha frase saiu mais ou menos assim: "Pufua asa, curida. Cuma ofura gal fofê, não efivo de mar nada." Ela revirou os olhos. Eu não estava acreditando! Eu não apenas fora em seu socorro e não recebera o crédito, como também fora *desprezado*. (Também me odiei por não ter pegado os docinhos depois de fazer carinho nas suas costas, já que assim teria defesas muito mais sólidas. Mas eram chocolates deliciosos...) Tudo bem, a verdade é que vi os docinhos e ela *ao mesmo tempo*. Então decidi fazer logo as duas coisas juntas! É tão errado assim? As mulheres não vivem reprovando os homens por sua incapacidade de fazer duas coisas ao mesmo tempo? Cheguei perto dela para dar uma força e pegar uns docinhos. *Por que um homem não pode gostar das duas coisas?* (Agora eu entendo como um homem pode *não* ser capaz de amar duas mulheres ao mesmo tempo. Me falaram que pode ser arriscado.) Mas o que há de errado em amar uma mulher e um docinho de chocolate com cobertura de açúcar? Não é uma questão de escolha, é por amor. E foi aí que percebi: é por amor.

Todas as perguntas loucas são por amor.

QUEBRANDO O PADRÃO

Como o homem pode parar de responder às perguntas loucas das mulheres de forma estúpida?

O homem tem que entender o segredinho sujo por trás de todas aquelas perguntas sobre o peso, a beleza da irmã, o que ele vai fazer depois que ela morrer, a devoção do cara à mãe e até o amor dele pelo futebol e pelos docinhos. O lance é o seguinte: todas essas perguntas podem ser reduzidas àquela que ela realmente está fazendo: *Você me ama mais do que qualquer coisa?* Isso mesmo. A grande questão secreta é: *"Você me ama mais do que qualquer coisa?"* E o que há de tão louco nisso? Nada.

Então, na próxima vez em que uma mulher perguntar a um homem se ele realmente gosta de ouvir as histórias da infância dela e se quer ouvir mais uma, vamos esperar — ou melhor, rezar — que ele sufoque seus instintos estúpidos, que pelo menos uma vez guarde sua estupidez, sorria para ela sabendo o que ela realmente está perguntando e diga: "Claro, querida, vou fazer o cafezinho."

RESPOSTA DA JENNY

ESTUPIDEZ NÚMERO 6.789

A seguir está a simulação de uma clássica situação de estupidez entre um homem estúpido e uma mulher louca. Muitos homens acham que as mulheres são loucas quando se trata de suas necessidades e gostos específicos. Eu, por exemplo, gosto do queijo da vaquinha. O queijinho fundido em forma de triângulo que tem uma vaca vermelha sorridente na embalagem. E o que ele traz do mercado? O clássico queijinho da embalagem azul, que vem em quadradinhos.

Mulher: O que é isso?

Homem estúpido: Não sei, o quê?

Mulher: O queijinho que você comprou.

Homem estúpido: Ah.

Mulher: Eu queria o queijo da vaquinha. O que tem uma vaquinha vermelha na embalagem. Que vem em triângulos.

Homem estúpido: É o mesmo tipo de queijo.

Mulher: Eu sei que também é queijo pasteurizado... Mas não é o da vaquinha. Sei disso porque não tem uma vaca vermelha na embalagem.

Homem estúpido: É, esse é o da embalagem azul-clara.

Mulher: É, eu tô vendo. Mas eu não queria o da embalagem azul-clara. Queria o que tem a vaca. Eu escrevi isso na lista. Você tá com a lista?

Homem estúpido: Tô.

Mulher: Você olhou a lista?

Homem estúpido: Olhei.

Mulher: Lê para mim o que está escrito.

Homem estúpido: Olha. Você queria queijo pasteurizado. Eu comprei queijo pasteurizado. Não sei por que você tá pirando por causa disso.

Mulher: Cadê a lista? Me dá a lista.

(*O homem estúpido, contrariado, dá a lista a ela. A mulher olha e começa a ler.*)

Mulher: "Item número seis: queijo pasteurizado da vaquinha! Importante! Tem que ser o da vaquinha. Vaca vermelha na embalagem, rindo. Não compre outra marca sem ser essa. Não tente me enganar. Nenhuma outra marca. Por favor."

Homem estúpido: Ah. Acho que não li essa parte.

Mulher: MAS ESTÁ SUBLINHADO!

Homem estúpido: Só li a parte do queijo pasteurizado.

Mulher: Mas por quê? Por que só essa parte? Por que eu explicaria como é a embalagem em detalhes se não quisesse que você lesse?

Homem estúpido: Sei lá. Acho que esqueci. Desculpe.

Mulher: *Como você consegue ver todos os episódios de* Lost, *e não consegue ler uma porcaria de uma lista de mercado?*

Nesse momento, a mulher assume uma postura medieval diante do cara: lágrimas, gritos, acusações — chame como quiser, ela provavelmente vai fazer isso. (Ou já fez.) Agora todos sabemos o que ele está pensando: queijo pasteurizado é queijo pasteurizado, e essa mulher está fazendo tempestade em copo d'água!

Mas será que está mesmo?

É O QUEIJO, MAS NÃO É O QUEIJO

À primeira vista, é compreensível achar que esta é uma conversa sobre queijo, e, sim, é sobre queijo, mas também não é. A loucura de uma mulher é como outra dimensão, mas infelizmente não há óculos que você possa colocar para ver o que realmente está acontecendo. Mas, se existissem óculos assim, o que você veria, se realmente examinasse a situação, é que o cerne emocional da loucura dela está no fato de que a incapacidade deste homem em comprar o queijo certo não é só um erro humano comum — é algo muito, muito pior.

Como o queijo é importante para ela, a mulher perdeu tempo descrevendo com todas as especificações o tipo de queijo que queria. Mas não foi o fato de não receber o queijo certo que a enlouqueceu, é o fato de ele *nem ter percebido*, porque é estúpido o suficiente para achar que a marca do queijo pasteurizado não importa, *já que não importa para ele*. Mas a questão que passa despercebida é que o queijo não tinha nada a ver com ele. Porque o queijo era para ela. Ele era apenas o mensageiro, um mero veículo, basicamente um sistema de entrega de queijo em carne e osso. Então, o fato de ele pensar que todo queijo pasteurizado é igual é, sinceramente, irrelevante. Ninguém está ligando para a opinião dele a respeito do queijo pasteurizado.

Então, se você quer saber o que estava se passando na mente louca dela, era isso: *Só leia a lista. Não é tão difícil assim. Além do mais, para que serve uma lista senão para ser lida? Se parar para pensar, ela não tem outra importância.* Será que no trabalho, por exemplo, ele lê só metade dos recados? Imagine um mundo onde os médicos só "passam os olhos" nas fichas dos pacientes. Mas talvez a ficha diga que o paciente é alérgico a penicilina. "O paciente morrerá se for administrada penicilina." E se o médico só tiver lido a palavra "penicilina" e tiver pensado "Ah, então darei penicilina a este paciente"? E aí? Bem, vou te dizer o que aconteceria. Aquele paciente morreria. Bateria as botas, partiria desta para uma melhor. Iria direto pra cova. E isso porque o médico não se deu ao trabalho de ler toda a ficha do paciente! Quem iria querer um médico assim? Quem se sentiria seguro com alguém com tamanha desconsideração pela saúde e pelos sentimentos de outra pessoa? Quem iria querer um namorado assim? Sabe, se o cara nem se importa em gastar dois segundos lendo uma lista de mercado para comprar o tipo certo de queijo para a namorada, então essa relação definitivamente não tem futuro.

Agora a mulher está se perguntando se ele se importa com ela de verdade.

Porque, é claro, se ele se importasse com ela do jeito que merece, ela estaria, naquele exato momento, com o tipo certo de queijo nas mãos.

— Não fui eu — diz Howard, só para constar — Não sou o cara do queijo.

— Eu sei que não foi você. Era só um exemplo.

— Um exemplo de mulher ficando maluca?

— Não, um exemplo de como as mulheres veem as coisas *usando a emoção*, principalmente quando os homens fazem algo idiota.

— Mas eu só queri... — consigo tapar a boca dele bem a tempo. Balanço a cabeça. Não, querido. Nem pense em dizer isso. Tiro minha mão da boca dele.

— Eu ia dizer uma burrice, não é?

Assinto. Aham.

— E aí você teria ficado chateada.

Assinto. Aham.

— Aí você teria ficado louca porque pensaria que eu não estava prestando atenção ao seu desabafo.

Assinto. Aham.

Chegou a hora da pergunta premiada: será que ele entende que às vezes queijo é simplesmente queijo, mas que em outras queijo definitivamente não é queijo? Ele está tão nervoso quanto eu. Sei que ele está repassando a história em sua cabeça e pensando que isso é pior que um teste surpresa no colégio.

— Acho que a moral da sua história é... — Chego mais perto e me pego cruzando os dedos por ele. — Você estava tão certa, querida, e ele tão errado. Azar dele e sorte a minha.

Total fuga da parte dele, mas não me importo. Talvez ele saiba que neste exato momento é mais importante não dizer a coisa errada, a estupidez; então, em vez disso, ele passa por cima dos próprios sentimentos em relação ao assunto e simplesmente diz o que eu queria escutar, a coisa certa, a coisa boa, como um queijo.

4

O ENLOUQUECEDOR ROMANCE
DO ESTÚPIDO E DA LOUCA
UMA PEÇA EM TRÊS ATOS

PRIMEIRO ATO: A NOITE DOS IGNORANTES

Por duas semanas minha namorada ficou dizendo que queria uma "noite romântica". E eu encontrei a oportunidade perfeita. Fomos convidados para uma festa chique em Malibu num sábado à noite numa incrível casa de praia perto da estrada Pacific Coast. Parecia o cenário romântico ideal. O luar certamente estaria brilhando nas deslumbrantes águas do mar. Nós caminharíamos na areia e olharíamos para o horizonte infinito. E quando batesse um vento, eu tiraria meu casaco Armani comprado no dia anterior e o colocaria sobre seus ombros nus. Então eu a beijaria suavemente e tomaria sua mão como se nunca mais fosse largar.

Mas as coisas não aconteceram exatamente assim.

Era uma festa em comemoração ao casamento de um casal incrível que conhecemos, Jonathan Silverman e Jennifer Finnigan. Os dois são atores. Era festa de gente bonita com amigos bonitos. E nos divertimos muito. De fato caminhamos um pouco sob as estrelas, dançamos um pouco, comemos canapés e conversamos com Bob Saget, ator do seriado *Full House*. Pode-se até dizer que tivemos uma noite romântica — tirando a parte do Bob Saget. Minha estupidez começou no momento em que achei que a noite havia sido romântica o *bastante*. Aparentemente, calculei muito mal a *quantidade* de romantismo necessária para se ter oficialmente uma "noite romântica".

A festa começou às quatro, chegamos lá por volta das seis e a badalação parecia estar diminuindo por volta das dez. E nós dois sentimos que era hora de ir embora. Ela repetia que não queria ir para casa tão cedo. Mas acho que eu não registrei isso.

MINHA DEFESA ESTÚPIDA POSTERIOR: *Eu não achava que era tão cedo assim. Eram dez horas, e já estávamos na festa havia um bom tempo. Já que chegamos cedo e ficamos bastante tempo, presumi que aquilo significava que era tarde. Naquele momento, achei que tínhamos tido nossa noite romântica.*

E, na verdade, para ela estava tudo bem ir embora da festa, mas ainda queria ir para outro lugar. Ela estava com fome. Naquele momento meu cérebro deveria ter me enviado um sinal que dissesse: "Saia com a sua gata e dê a ela o que ela quiser." Infelizmente, o sinal estava fraco em Malibu naquela noite, e o recado que recebi do meu cérebro foi mais assim: "Se você conseguir alimentá-la rápido, poderá já estar roncando às 22h30."

MINHA DEFESA ESTÚPIDA POSTERIOR: *Você andou dizendo que estava cansada. Achei melhor levar minha gata para casa. Pode me acusar de me preocupar com a sua saúde?*

Então começamos a nos dirigir para casa, mas na verdade me dirigi para uma perfeita tempestade de idiotice masculina. Dava para ver as nuvens escuras se juntando... Estávamos na Pacific Coast. Não é uma estrada deprimente que passa por um descampado industrial. Esta estrada representa o romantismo em nossa cultura. Primeiro passamos pelo Moonshadows, um conhecido bar e restaurante sobre a água, e ela sugeriu que parássemos para tomar um drinque. Mas eu já havia passado por ele e pensei: "Você realmente quer que eu faça esse retorno agora?" Tipo, até os homens mais românticos sabem que fazer balão na Pacific Coast pode ser perigoso.

MINHA DEFESA ESTÚPIDA POSTERIOR: *Eu estava salvando sua vida ao me recusar a fazer o balão! E você queria muito ir ao Moonshadows? Sério? Foi onde Mel Gibson parou para tomar uns drinques antes de dar aquela declaração antissemita. Como você pode ser tão culturalmente insensível?*

Então passamos pelo Duke's, que é um grande bar esportivo com um cardápio cheio de comidas deliciosas e gordurosas e TVs de tela plana nas paredes. Ela pararia no Duke's. Eu não. Não estou com vontade.

MINHA DEFESA ESTÚPIDA POSTERIOR: *Eu estava no Duke's muitos anos atrás, quando o jogador de beisebol Mark McGuire estava tentando bater o recorde de pontos de Roger Maris em uma única temporada. E o vi bater o recorde numa das televisões imensas do Duke's. Foi um momento feliz, mas agora parece depressivamente ingênuo, dadas as acusações posteriores de uso de anabolizantes e seu vergonhoso testemunho diante do congresso. Como posso voltar lá?*

Passamos pelo Duke's.

Então ela percebe que ao longo de toda a Pacific Coast há carros parados e pessoas olhando o mar iluminado pela lua. Eles estão "estacionando", diz ela, de propósito. E eu entendo que "estacionar" é o que costumávamos chamar de "dar uns amassos" e a geração anterior chamava "bolinar".

Nada ainda.

MINHA DEFESA ESTÚPIDA POSTERIOR: Se você simplesmente tivesse dito "Pare a porra desse carro e faça algo romântico, senão serei infeliz pelo resto de nossas vidas!", eu teria alegremente parado o carro na hora. Bastava dizer isso. Ora bolas, eu teria até arriscado o balão no Moonshadows!

Eu lembro que ela está com fome. Conheço uma ótima pizzaria ali por perto. Chegando de carro ao lugar, explico que, é claro, não parece — espremida entre uma Subway e um KFC —, mas a pizza é ótima! Só que a pizzaria está fechada. Pedimos de uma rede de pizzarias no caminho de casa.

MINHA DEFESA ESTÚPIDA POSTERIOR: *Essas redes são mais confiáveis. E a pizza chega em meia hora. Mesmo se os entregadores matarem alguém no caminho!*

Mas enquanto entramos na garagem, sinceramente, começo a repensar toda a história da pizza. Tipo, ela pode comer sozinha se quiser, mas eu não vou acompanhar. Pra que se entupir de comida a essa hora da noite? Estou orgulhoso de ter feito uma escolha saudável ao menos uma vez.

MINHA DEFESA ESTÚPIDA POSTERIOR: *Eu não fiz... Eu só pensei... Você sempre diz... Se entupir? Alguém se entupiu? Acho que ouvi alguém dizer isso...*

Quando chegamos em casa, estou meio cansado. Sabe, dirigi por toda a Pacific Coast, e já passa das dez. Então peço a ela para levar o cachorro para passear. E quando ela voltar, quero que me conte a consistência do cocô do bicho. Estava duro, mole ou de consistência normal? Em forma de rolinho ou bolinha?

MINHA DESCULPA ESTÚPIDA POSTERIOR: *Nada de bom.*

Naquela noite, na cama, ela ficou repetindo: *"Tudo bem, tudo bem. Esquece."* *Daquele jeito cortante, seco, irritado.* Mas ela está se revirando tanto na cama que parece que estou num navio no meio da tempestade numa noite escura. Finalmente, ela se senta e diz o seguinte: *"Você não me ama o suficiente? Ou suas necessidades sempre vêm em primeiro lugar? Ou você simplesmente é estúpido demais para perceber o que eu quero?!"*

— ESSAS SÃO AS MINHAS OPÇÕES?! — grito. — SÃO AS MINHAS ÚNICAS OPÇÕES?![2]

JENNY: Um ano e meio depois do fim do meu casamento, conheci um cara que parecia ter um monte de qualidades e pouquíssimos defeitos. Então nos jogamos num emocionante romance, e depois de apenas oito meses já rolava o papo de eu ir morar com ele. Ele era escritor como eu, e eu achava seus textos poéticos profundamente emocionantes (ele certamente devia entender de romantismo); ele tinha um coração enorme, era inteligente e parecia não se incomodar com excessos — uma qualidade necessária para alguém me namorar e para se ter um romance. Era brincalhão, engraçado e divertido (certa vez ficamos na suíte presidencial de um hotel de luxo, e ele fez todos os funcionários o chamarem de Presidente). Meu maior medo em morar com ele depois de tão pouco tempo era que ele pensasse que havia "me conquistado de vez", e o romance acabasse. Nós dois havíamos nos divorciado, conversávamos muito sobre nossas inseguranças, e eu certamente era clara em relação ao que queria.

Então imagine minha surpresa quando, um mês depois de me mudar, tivemos uma noite em que não só faltou romantismo, como também ele tirou todas as minhas esperanças de romantismo e as *jogou na lama*. Aparentemente, ele não queria ser o "banana" que compra flores para a mulher que ama, ou que usa smoking ou que escreve poesia ou que para o carro para olhar nos meus olhos sob o luar. É tudo "um clichê idiota". Em vez disso, ele prefere ser o cara que para no estacionamento de uma rede de fast-food no caminho de casa quando a mulher que ele diz amar fala que está com fome e

---

[2] Sim, esta foi a noite que deu início a milhares de problemas e confusões e uma crise na relação tão grande que precisamos escrever um livro inteiro para resolver tudo.

quer comer algo. Não importa que eu esteja usando um vestido de mil dólares, tenha passado duas horas me arrumando e esteja calçando sandálias prateadas de salto alto. Então, enquanto eu esperava que ele passasse a noite inteira me olhando e pensando *"Como eu tive a sorte de arrumar uma namorada tão linda?"*, ele provavelmente estava me vendo como uma passeadora de cães que tinha exagerado na roupa. "Espero que ela não pise no cocô com esse sapato, seus dedos não estão protegidos." Também quero acrescentar mais uma coisa sobre aquela noite: nosso cachorrinho, Doozy, era muito novo para ficar sozinho por mais que duas horas. Eu tinha arrumado uma babá para ele e combinado de pagá-la até uma da manhã e negociado que ela ficaria até mais tarde se necessário. Eu estava tão animada e certa de que ficaríamos fora até tarde que até sugeri que ela também poderia fazer uma noite romântica em nossa casa com o namorado *dela* (deixando implícito que eu não me importava que eles transassem no nosso sofá, já que todos devem poder desfrutar de momentos de felicidade, e eu sabia que estaria namorando num carro parado na estrada com meu amor). Então, quando eu lhe paguei às 22h37, senti que ela ficou com pena de mim e me senti mal por isso, para não dizer totalmente envergonhada. A única coisa pior do que estar toda arrumada e sem ter nenhum lugar para ir é estar toda arrumada e voltar para casa tão cedo que a babá sente pena de você.

SEGUNDO ATO: A BRIGA

HOWARD: Então também sentei na cama e disse algo na linha "romantismo não é bem o meu forte", mas que ela não levasse para o lado pessoal.

JENNY: Então expliquei a ele que a questão não era como ele se enxergava nisso, e na verdade parece que ele não entendeu absolutamente nada (tenho e sempre terei tendência a pequenos exageros). "Romantismo não é uma questão de focar em você."

— Ótimo — diz ele —, então acho que a conversa acabou.

HOWARD: Às vezes o sarcasmo pode aliviar uma situação estressante. Outras vezes não. (E tem que *ser* realmente sarcástico.)

JENNY: Sempre respeito um cara que me enfrenta. (É claro que há uma linha muito tênue entre ganhar o meu respeito ou ganhar um fora.) Mas eu não tinha acabado o assunto — até acabar com ele, se é que você me entende.

— Você não querer ser o banana que dá flores para a namorada é uma ideia muito egoísta, pois só está pensando em si. Romantismo é colocar as necessidades do outro acima das suas, e seria melhor se fosse a um custo. — Expliquei que não estava falando de dinheiro quando falava em "custo". Queria dizer que o quociente do romance é aumentado pela quantidade de esforço gasto em sangue, suor e lágrimas.

— Sangue, suor e lágrimas de verdade?

— O QUÊ?! EU NÃO VALHO NEM UM POUCO DE SANGUE, SUOR E LÁGRIMAS? VOCÊ ACHA QUE O AMOR É FÁCIL? QUE O ROMANCE É UM MAR DE ROSAS E ALGODÃO DOCE? BOM, NÃO É. COMO VOCÊ NÃO CONSEGUE ENTENDER? VOCÊ É TÃO BURRO ASSIM OU SÓ ESTÁ FINGINDO SER BURRO, FEITO UM IDIOTA?

Pensando bem agora, eu deveria ter dito isso enquanto o pisoteava na lama.

HOWARD: Pensando bem agora, eu queria que ela tivesse feito isso.

Em vez disso, passamos a noite inteira acordados, brigando, gritando, chorando, discutindo e conversando sobre nossos sentimentos. A maior parte da noite ainda é um borrão na minha memória. Mas certas coisas voltam à minha cabeça como um flash repentino numa sala escura: Jenny insistindo que podia provar que eu gostava mais de sorvete do que ela; eu mexendo nervosamente com seu grampo de cabelo, que num momento especialmente tenso pulou de repente da minha mão e bateu bem em seu olho. (Mesmo no auge da nossa infelicidade, ela ainda conseguia nos fazer cair na gargalhada gritando: "Viu? Tudo é muito divertido até alguém perder um olho!") Mas o que eu mais lembro é dela choramingando: "Por quê? Por quê? Por quê?", numa repetição torturante. "Por quê? Por quê? Por quê?", ela queria saber. "Por quê? Por quê? Por quê?", ela me perguntava, como se fosse uma criança e eu acabasse de dizer a ela que o chaveiro de pé de coelho de que ela tanto gostava era mesmo o pé de um coelho.

— POR QUÊ? POR QUÊ? POR QUÊ?

— VOU CONTAR POR QUÊ: aquela festa de casamento me enlouqueceu! — disse a ela. Casamentos são terreno fértil para mulheres agirem feito loucas e homens agirem feito estúpidos. Nem ela podia negar que casamentos mexem com as pessoas. E os casamentos muito românticos são os piores. Revelam de forma injusta a situação romântica de um casal. Como seu relacionamento se compararia ao daquele lindo casal naquele cenário idílico? Vocês são o casal que "já foi" como aqueles noivos radiantes? E se você não é casado, você está ficando desesperado ao ver aquilo? E esse casamento em particular tinha estimulado a loucura dela e revelado minha estupidez — mais revelado minha estupidez que estimulado a loucura dela.

Jonathan Silverman e Jennifer Finnigan são o casal mais romântico do mundo. Não apenas havia centenas de pessoas celebrando seu casamento naquela festa, como também eles não haviam tido apenas *um*, mas *dois* casamentos românticos. Basicamente, aquele era o terceiro casamento deles! Eles se casaram num vinhedo em Napa Valley e depois renovaram seus votos sob as estrelas numa maravilhosa ilha grega. Já chega! Entendemos! Vocês casaram!

Ela me encarou, mas agora com um olhar mortal.

— Você realmente está colocando a culpa em Jonathan Silverman pelo seu comportamento esta noite?

— Só estou dizendo que ele tem sua parcela de culpa.

— Você pode culpá-lo pelos filmes ruins que ele fez! — disse ela, levantando a voz. — MAS NÃO CULPE JONATHAN SILVERMAN PELA SUA BABAQUICE!

Um pouco demais para a louvável defesa de Silverman. Ela me olhou horrorizada por uma quantidade de tempo desconfortável. Aí atacou a jugular.

— Você é pior do que o cara do Maalox.

Aquilo foi golpe baixo.

"Cara do Maalox" era o apelido que ela dera ao namorado de uma grande amiga sua. Essa amiga foi especialmente gentil e maravilhosa com esse cara quando ele teve um problema de estômago que acabou com uma série de noites românticas. Então, para compensá-la por aquela noite e agradecer-lhe por ter sido tão gentil e compreensiva, o que ele fez? Bom, ele não lhe deu flores. Nem bombons. Em vez disso, ele lhe deu uma garrafa de antiácido Maalox embrulhada com um laço. Achou que aquilo fosse romântico. *De um jeito descolado.* E agora ele é ex-namorado dela.

Pessoalmente, fiquei com pena do cara. Mas ele violara a regra mais básica do romantismo. Colocou o foco sobre *ele*. Colocou aquele laço numa coisa de que *ele precisara* numa noite em que ficara doente. Ela esperava que ele colocasse o laço no que ela precisava aquela noite: flores. Ele também tentou superar o romantismo, reinventá-lo de alguma forma. Mas você não pode superar algo que não entende de fato. Sei que vocês, leitoras, ainda estão se perguntando: *"Cara, como assim substituir flores por uma garrafa de antiácido?"* Em sua defesa, está o fato de ele ter acabado com a garrafa de Maalox dela naquela noite e ter pensado em substituí-la de um jeito fofo. Eu não o conheço, mas acho que, se perguntasse a ele, o cara diria que flores são uma besteira. A garrafa de Maalox era inteligente de um jeito descolado e vanguardista. E era engraçado!

Eu sei o que ele diria, porque *eu teria dito o mesmo*.

Por isso agora eu estava sendo chamado de "cara do Maalox" pela minha namorada — e isso não era um elogio. E por aí foi. A noite inteira. Acusações, lágrimas, raiva e silêncios sombrios. No fim, conseguimos superar aquilo. Quero dizer, amanheceu, o sol nasceu. Pelo menos estava ali. Mas quando finalmente acordamos, eu estava determinado a desfazer minha burrada romântica. E eu não fui à farmácia.

JENNY: Howard cumpriu todo o ritual do pedido de desculpas na semana que se seguiu: flores, um buquê gigante de balões e uma cesta de biscoitos.

HOWARD: Jenny me obrigou a parar antes que eu gastasse todas as minhas economias em uma estátua dela em tamanho real feita com Lego, que você pode encomendar por sessenta mil dólares em uma loja da marca. Ela reconheceu minhas oferendas de paz, e tivemos uma trégua. Mas as questões reveladas naquela noite continuaram. E a cada dia que passava, havia um incômodo crescente em nossa casa. Estava claro que eu não entendia uma coisa básica sobre ela, que era importante para sua essência. Era algo muitíssimo importante para ela — provavelmente o mais importante —, e eu não estava entendendo.

JENNY: Havia a permanente sensação de que havia algo muito, muito errado entre Howard e Jenny. Embora aparentemente tivéssemos dominado a situação, não era um cachorrinho obediente, era o monstro do lago Ness dos problemas de relacionamento, e logo, logo estaríamos discutindo novamente o que nenhum de nós queria discutir.

HOWARD: Romantismo. Sim, romantismo. É, romantismo. Romantismo é a grande questão, a grande linha divisória entre homens e mulheres. Eis a verdade sobre os homens e o romantismo: *nós não entendemos isso*. Nós não nos identificamos com isso. E certamente não desejamos nada disso do mesmo jeito. Nós não temos o desejo de nos apaixonar perdidamente pela Princesa Encantada e andar num cavalo branco e sem sela pela praia.

JENNY: Devo admitir que esse assunto me deixa com raiva. Ele surgiu em todos os relacionamentos que tive, e detesto falar sobre isso. Romantismo é algo sagrado. Você fala sobre romantismo sussurrando deitado num imenso divã marroquino de veludo cercado de almofadas. Você escreve sobre romantismo em cartas fechadas com laços e guardadas numa caixa de sapatos nos fundos do armário. Romantismo não é algo que tem que ser explicado como se explica que não se pode lavar roupa branca junto com roupa colorida. E nem é algo a ser discutido racional ou analiticamente, ou esquematizado com giz sobre um quadro negro com X e O como se fosse a estratégia para vencer um jogo de futebol.

HOWARD: Acabei de ouvir o seguinte: blá-blá-blá, *futebol*.

JENNY: De repente, Howard está alerta e sorrindo; está sentado mais reto, e tenho certeza de que seu coração está batendo um pouco mais rápido ao mencionar o passatempo que é a preferência nacional. É incrível. Num momento estamos tendo uma conversa frustrante sobre romantismo (e sobre como eu quero mais disso) e ele está entediado pra cacete, e no instante seguinte vejo suas pálpebras tremendo de excitação e sua respiração mais pesada, e tudo isso pela simples menção da porcaria do futebol. E eu? Por que você não consegue ficar empolgado quando saímos juntos do jeito que fica quando pensa em futebol? Em vez de contar os dias para o início do campeonato, que tal fazer contagem regressiva até a próxima vez que for me encontrar? Que tal dar um passe e me dominar?

HOWARD: Eu posso fazer essa última coisa. Mas, se o romantismo realmente fosse uma questão de dar um passe e dominar, muitos homens seriam melhores nisso. Mas não é uma questão de passe e domínio. A questão são todas as coisas que levam ao passe e ao domínio.
É a parte do Richard Gere que não entendemos.
Aliás, acho que toda essa confusão de romantismo em que nos metemos é culpa dele — junto com Jonathan Silverman. Richard Gere é aquele cara que entra em fábricas de uniforme para levar a mulher para uma vida melhor e a ergue ao lugar que ela merece. É o cara que

bota a cabeça para fora de limusines e escala saídas de emergência para chegar à sua linda mulher. Em um de seus últimos filmes, ele e Diane Lane se beijam numa praia com cavalos galopando ao fundo![3] (Será que ele não se lembra daquele outro filme em que Diane Lane o chifrou com o francês sexy Olivier Martinez? Acho que o Dalai Lama lhe ensinou a perdoar.)

JENNY: Entendi, juro que entendi. Romantismo não tem nada a ver com a realidade, então como é que a mulherada espera que seus homens o tragam para o mundo real? Acho que é aí que entra a parte maluca, mas quero deixar claro: não acho que seja maluquice uma mulher querer romantismo (é genético e não podemos evitar). Vou admitir que às vezes nós somos ligeiramente irracionais em relação às nossas expectativas românticas. Mas, quando se trata desse assunto, sempre serei irracional e teimosa. Quero acreditar no romantismo. Quero me importar com romantismo. Quero sonhar que há um príncipe encantado lá fora que acha meus desejos insignificantes e frívolos charmosíssimos, um cara que me conheça de verdade, saiba o que estou pensando e responda "em você", em vez de "em nada", quando eu perguntar em que ele está pensando.

HOWARD: Essa é uma pergunta tão fácil, e eu sempre faço besteira ao responder! Quando elas perguntam "No que você está pensando?, simplesmente diga "Em você!" O que realmente estamos pensando não é tão importante, de qualquer forma.

---

[3] Jenny e eu estávamos dando uma olhada na programação de cinema do jornal uma noite dessas e vimos um anúncio desse filme bem ao lado de um faroeste. O slogan desse filme era "Nunca é tarde demais para uma segunda chance." O do faroeste era "Sentimentos podem te matar." Quem você acha que queria ver qual filme? Pois é, acabamos ficando em casa.

JENNY: Não podemos ser aquele casal que já está tão desligado do romantismo que simplesmente se senta um de frente para o outro no restaurante sem conversar não naquele silêncio confortável, mas naquele silêncio de "ai, meu Deus, não temos mais nada para dizer um ao outro, não acredito que tenho que arrumar outro namorado, não, não vou conseguir fazer isso de novo e... Ah, já sei, talvez a gente deva fazer aulas de dança juntos". Chega. Estou cansada desses joguinhos de casal. Estou cansada de parecer um disco arranhado. Não acho que esteja errada em querer o que quero, mas talvez parte do erro seja minha porque não consigo expressar o que estou procurando de um jeito que ele entenda.

HOWARD: E é o que ela resolveu fazer. Explicar o romantismo de um jeito que eu realmente conseguisse entender. Boa sorte para ela!

TERCEIRO ATO: A EDUCAÇÃO SENTIMENTAL DE HOWARD J. MORRIS

JENNY: Primeiro decidi mostrar a Howard um exemplo realista de romantismo. É a história de um homem se comportando de forma maravilhosa, e não horrorosa. Também é um estímulo positivo! E não é uma lenda urbana, algo que aconteceu de verdade com uma "amiga de uma amiga"; aconteceu com uma amiga minha (minha melhor amiga, Laura). E não apenas ouvi a história. Eu estava lá e a testemunhei.

HOWARD: Já tinha ouvido essa história umas seiscentas vezes antes, mas agora havia uma pequena diferença: *eu estava escutando.*

JENNY: Era o dia do casamento de Laura, e os pombinhos estavam felicíssimos depois de fazer seus votos diante de duzentas pessoas, entre amigos próximos e parentes. A primeira dança como marido e mulher foi ao som de "You're Nobody till Somebody Loves You", de Dean Martin. Eles haviam dançado essa música em um de seus primeiros encontros; era a música que dançavam nas aulas de dança de salão; e era a música que ficava na cabeça dela todos os dias que antecederam o casamento quando ela pensava na primeira dança dos dois. Ninguém sabia na época, mas quando dançaram juntos pela primeira vez depois de casados não foi com a versão correta da música (devido a uma cagada do DJ, que jurava ter a versão certa). Eles dançaram muito bem e tudo parecia perfeito. Mesmo assim, não estava exatamente perfeito para Laura, já que ela ficou meio chateada por não ser a música certa. E, sim, claro, ela sabia que um detalhe tão pequeno não importava tanto assim no quadro geral da ocasião, só que aquele momento não fora exatamente como ela tinha imaginado que seria.

Chris, agora seu marido, conhecendo-a e compreendendo sua decepção, secretamente mandou dois de seus leais padrinhos para o shopping mais próximo com a missão de trazer um CD com a versão correta da música. Então ele fez um discurso contando a todos os convidados o que acontecera e como ele conseguira contornar a situação e que ele se sentia sortudo por ser o cara que conseguiria tornar todos os sonhos de Laura realidade, não apenas naquela noite, mas pelo resto de suas vidas. Um silêncio sepulcral. Grilos. Agulhas caindo. Todas as mulheres prendendo a respiração ao ouvi-lo e tentando conter as lágrimas diante da consideração de seu gesto. Os homens também estavam em silêncio, mas por outro motivo. Estavam sem fôlego porque ficariam putos por Chris ter aumentado o nível de romantismo a um grau a que eles dificilmente chegariam. Simples assim.

HOWARD: Ah, o Chris...

JENNY: Meu atual ex-marido (éramos casados na época do casamento) também nunca esqueceu aquele momento, e o interessante é que era ele quem levantava o assunto nos anos que se seguiram. Dizia que era um exemplo perfeito de como um homem arruinou a vida de todos os outros homens naquele salão. Nunca entendi muito bem a linha de raciocínio dele. Simplesmente não fazia sentido para mim que eu enxergasse a história como absurdamente romântica enquanto ele tinha uma visão totalmente negativa. Sabe, por que não tomar aquilo como um exemplo a seguir no futuro? Por que você não ia querer ser o cara que não apenas conquistou o coração da mulher dos seus sonhos, mas também o afeto de todas as mulheres no salão?

HOWARD: Quero ser como esse cara! Por que eu não posso ser como esse cara? Eu posso ser como o Chris!

JENNY: Aparentemente, alguns homens acham que romantismo é pressão demais. Acho que meu ex-marido sentia-se assim, mas *não estamos mais juntos,* então não tenho certeza. Depois do fim do meu casamento, não tinha ideia do que eu queria para meu próximo relacionamento, mas tinha certeza absoluta do que não queria. Não queria um cara que fosse estúpido em relação a romantismo.

HOWARD: Aí fiquei na defensiva. Porque naquele momento ela foi além da parte de inspiração/aspiração da história, deixando de lado toda a tática do estímulo positivo, e reviveu toda a amargura daquela noite fatídica.

Olha, sei que fui um completo imbecil naquela noite.

E não há ninguém mais culpado por meu comportamento baixo e idiota além de mim mesmo. Quero aprender, de verdade, como ser o cara romântico que ela quer que eu seja. *Mas não consigo aprender em um ambiente hostil.* Então parti para o ataque! (Infelizmente, quando você está atacando, ter munição de verdade ajuda — não apenas uma daquelas armas de brinquedo de que sai uma bandeirinha quando você puxa o gatilho.)

— Você adora dizer que é a rainha do romantismo, né? — comecei duro. — Mas quando dei a cara a tapa pela primeira vez e disse que te amava, *você me ridicularizou!*

— Eu ridicularizei porque você *não disse* "Eu te amo"!

— Disse sim!

— Você disse: "Você me deixa roxo!"

— VOCÊ SABIA O QUE EU QUERIA DIZER!

JENNY: Aquela foi a primeira viagem de fim de semana que fiz com Howard e seu filho, Dustin. Na época, Dustin tinha seis anos e viajamos duas horas de carro para chegar até um bonde que sobe uma montanha onde tem neve de verdade. É uma proposta tentadora para qualquer habitante da Califórnia, pois mal temos chuva, quanto mais neve. Então estávamos no topo da montanha, e Dustin e eu compramos um anel do humor na loja de souvenirs. Sempre gostei de anéis do humor. É claro que eu sei que há uma explicação científica para como e por que eles mudam de cor, mas para mim eles continuavam sendo mágicos. Neurótica ou maluca, estou sempre pensando e sentindo muitas coisas e emoções a todo momento, então aceito uma cola com um código de cores para decodificar o que estou sentindo. Se estiver preto, estou infeliz e estressada. Se estiver verde, estou tranquila e relaxada. (Raramente sou considerada tranquila, então o verde realmente me deixa feliz.) Azul significa que estou animada e feliz, e de acordo com o anel do humor roxo significa amor.

Enquanto Dustin e eu nos empolgávamos em ver as cores mudando, parecia bem claro que ambos estávamos com humores predominantemente roxos. Dustin, aos seis na época e sendo uma criança feliz, estava muito animado com isso. Presumo que, para ele, roxo significava que ele era amado, o que é bom (já que amor significa ganhar um sorvete em um futuro próximo, de acordo com o que eu acredito ser a lógica de uma criança de seis anos), mas para Howard e eu (aos 42 e 35 anos, respectivamente), em um novo relacionamento, o amor era um pouco mais complicado.

Não sei ao certo quem disse primeiro, mas posso até apostar valendo dinheiro que foi Dustin quem disse "Você me deixa roxo". Parece mesmo uma frase de uma criança de seis anos, certo? E quando uma criança de seis anos diz que você o deixa roxo e tem um anel do humor para provar isso, que escolha você tem além de olhar seu próprio anel (que estava roxo) e responder o mesmo? "Você também me deixa roxa!"

Howard não comprou um anel do humor; não é muito a onda dele. Não estou dizendo que ele achava o conceito ridículo, mas ele é o tipo de homem cujo humor muda tão rápido que provavelmente temia que o anel explodisse com excesso de carga. Mas, como estava aliviado por nossa viagem estar correndo bem, por estar transando com frequência, por estar feliz e *nós* estarmos felizes, ele pulou no barco do "Você me deixa roxo".

Então, logo todos nós estávamos dizendo isso, e era verdade, mas no caso de Howard não havia prova, e ele esperava que eu presumisse que era verdade. Mas como eu poderia saber, se tinha provas dos meus próprios sentimentos e dos de Dustin, mas só podia *supor* no caso de Howard?

Howard continuou dizendo "Você me deixa roxo" durante vários dias depois de voltarmos da viagem. Num primeiro momento foi fofo, pois significava que ele tinha se divertido tanto quanto eu. Mas depois de um tempo, percebi que aquela era a forma de ele dizer que me amava sem dizer isso *de fato* — e foi quando eu parei de achar fofo.

Para mim, ele estava dizendo: "Eu te amo, mas só porque sua pedra do humor diz que você me ama e minha pedra do humor imaginária diz que eu amo você — só quero ir até esse ponto agora." Sabe, quem diz que ele não olharia um dia para sua pedra do humor imaginária e pensaria: "Ops, está laranja, o que significa que eu não amo você e preciso de vitamina C?"

A melhor coisa de ter seis anos é que você só se importa com o presente, já que não entende direito o tempo e os conceitos de futuro e compromisso Dizer a alguém que o ama é algo puro e simples e não vem com amarras ou bagagem. Mas para um homem de 42 anos com dificuldades de compromisso dizer "eu te amo" significa muito mais. Será que o negócio do "Você me deixa roxo" era uma espécie de treino? Sua maneira segura de dizer que me amava e de garantir que, em caso de ele não me deixar roxa, ele ainda ficaria bem? O que viria a seguir: um anel de brinquedo com um Scooby-Doo dizendo "eu au-au você"? Tem hora de falar com voz de neném e hora de falar como homem. (A hora de falar com voz de neném, para mim, é quando você realmente está falando com um neném.) Quando ele reclamou da minha reclamação, disse que pensava que eu acharia fofo. Eu disse que achara fofo — *vindo de uma criança de seis anos.*

HOWARD: Tudo bem. O negócio do roxo foi lamentável. Mas eu poderia tê-la conquistado de vez com minha imitação perfeita de Scooby-Doo. "Eu au-au você." Não preciso dizer que a famosa história de Chris não teve o efeito desejado, e mais uma vez os dois se sentiam desvalorizados e incompreendidos. Houve alguns momentos nos meses seguintes em que eu parecia estar entendendo — flashes de sabedoria a la Richard Gere — para logo em seguida cair mais uma vez no abismo da incompreensão. Agora sei que o romantismo tem a ver com grandes gestos tanto quanto com os pequenos e sutis. Diz respeito a esforço, altruísmo, a arte de surpreender, coisas bonitas e fazer tudo isso com um toque teatral. Só que nunca fui bom em nada disso. *Mas eu também sabia que essa era a questão.* (A parte do esforço e do altruísmo.) Sinceramente, em nossas muitas discussões, também fiquei chocado ao descobrir que amor e romantismo *não são a mesma coisa.* Sempre achei que fossem. E se você tinha um deles, quem precisava do que vem com as flores? Também descobri que romantismo não é sexo — apesar de que, se bem executado, certamente leva ao sexo. (O que me faz perguntar por que mais homens não são melhores nisso.) Não foi fácil descobrir isso: você vai perceber o assunto sendo ressuscitado em muitos dos próximos capítulos. Mas eu sabia que era uma questão importante demais para desistir. E, felizmente, Jenny não tinha a intenção de desistir de mim. Enquanto tentávamos resolver isso juntos, o jogo estava rolando. Literalmente.

AMOR NA ERA DA TV DIGITAL

JENNY: Eu estava olhando para a TV — um jogo de futebol, é claro — quando me toquei. "É isso o que eu quero." De repente, ficou claro para mim.

— O quê? — perguntou ele, incapaz de disfarçar sua voz de "Por que você está falando comigo no meio do jogo?". Para ser justa, fizemos um acordo de que, quando ele está assistindo a um jogo, eu realmente tenho que deixá-lo assistir ao jogo. E todas as conversas têm que ser relacionadas ao jogo ou à comida. Mas aquilo era importante demais.

— Tem a ver com futebol — disse eu, tentando atraí-lo.

— Estou ouvindo.

Bem, obviamente, futebol não tem nada a ver com romantismo, não com o que vem à minha mente quando penso em romantismo. Mas realmente acho que, quando se trata de homens, esportes e TVs digitais, a ideia deve ser bem parecida.

Tente me acompanhar:

Temos uma enorme TV de tela plana — enorme mesmo. Eu estava presente quando ela foi escolhida, e olha que não estávamos no andar principal da loja olhando para fileiras e fileiras de TVs pequenas; não, quando Howard comprou essa TV, fomos conduzidos a uma sala reservada a "clientes especiais" onde afundamos em um sofá fofo de couro e ficamos olhando para essa TV dos sonhos. Aquela que custa uma grana preta, aquela considerada a melhor pelos consumidores, aquela que é tão bacana que tem "Elite" no nome.

HOWARD: Meu pai ainda se recusava a comprar uma TV em cores para a família muito tempo depois daquele já ser o padrão nos lares americanos. Décadas depois. Ele dizia a mim e a meu irmão que os fabricantes ainda "não haviam pegado o jeito das TVs em cores", que as cores não eram boas e que só havia três cores, de qualquer forma. Não eram como nossa confiável TV em preto e branco de 29 polegadas. Ele defendia que ela era melhor que qualquer TV em cores. *Será que ele achava que não tínhamos amigos?* Foi com o mesmo raciocínio absurdo que também negou um videocassete à nossa família, apesar de querer um para gravar seus queridos filmes de Charlie Chan. Finalmente, minha mãe teve que ameaçar divórcio se ele não comprasse uma imediatamente. Por isso, uma enorme TV com a imagem perfeita sempre fez parte dos meus sonhos.

JENNY: Não estou tirando sarro, apesar de parecer; Howard trabalha muito para ganhar seu dinheiro e merece gastar da forma que quiser. E não sou aquela namorada que coloca as mãos nos quadris e pensa: *Lá se vão minha máquina de lavar e secadora novas*. Não, eu sou a namorada do tipo: "Compra. Você merece." (Porque Deus sabe que eu não me seguro quando o assunto são bolsas de grife.) Então ele compra e compramos também um porta-DVD. Compramos um tocador de Blu-ray, que é melhor que o DVD, compramos o conversor ultrassupermegamaxi que faz os canais que não são digitais terem uma imagem melhor;[4] compramos um som novo, alto-falantes superpower surround sound (com direito a cinco novos buracos no nosso teto) e o controle remoto que precisa ser programado pelo nerd que acabou de sair da faculdade de informática. Não era apenas uma TV nova, era um novo estilo de vida. Howard estava muito mais que animado, parecia uma criança numa

---

[4] Howard: Na verdade, ele faz os DVDs normais terem uma imagem melhor, e não os canais. Mas só o fato de ela estar falando de coisas técnicas me deixa todo derretido.

loja de doces, um pinto no lixo, um homem que acabou de comprar uma enorme TV de plasma digna de um rei. E ali estávamos nós, assistindo à tal TV, quando me dou conta de algo interessante. É um jogo noturno, e o New England Patriots (time da cidade natal de Howard para o qual ele torce) está jogando contra algum time do qual não consigo me lembrar (apesar de lembrar que eles usavam uniformes azuis muito bonitos — seriam os Chargers? Os Titans?). Os Patriots estão jogando em casa em uma noite feia de outono. O céu está preto, e dá para ver o vapor saindo da boca da torcida, o que forma um halo iridescente em volta de todo o estádio, como se eles estivessem jogando numa galáxia distante. Howard destaca o quanto a imagem é clara, como os contornos são precisos — sua frase básica desde que compramos a TV é: "Você já viu uma imagem assim?"

Estou ignorando, mas fico impressionada com a tela. Estou inclinada para a frente, fitando-a. "A imagem dela é melhor que a vida real", digo. Ele imediatamente responde que aquilo não é vida real, é TV digital. Eu deixo claro que *eu sei* que é TV digital, mas estou dizendo que a imagem *é melhor que a vida real*. Ou seja, estou bastante certa de que se estivéssemos no jogo naquele momento o que veríamos com nossos olhos não seria tão nítido. Ele concorda. Provavelmente é melhor porque é iluminado de certo jeito, e as câmeras filtram a luz de forma diferente, os *pixels*, as cores, blá-blá-blá, vocabulário técnico que não entendo nem faço questão.

— E você gosta dela? — pergunto.

— Claro! Isso é o que eu sempre quis desde pequeno. Você já viu uma imagem dessa?

— É isso. *Romantismo é exatamente isso* — digo. — São os momentos da vida em alta definição.

Imediatamente atraio sua atenção. Se ele me *entende*, é outra história. Mas atenção é bom. Me contento com a atenção! Repentinamente, sinto-me esperançosa. Eu acreditava que um homem que não "entende" o romantismo provavelmente nunca vai entender, mas talvez haja um abismo de conhecimento que pode ser superado. Se ele consegue enxergar aquela imagem, então talvez consiga enxergar as imagens que estão na minha cabeça e no coração, aquelas que vejo quando penso em romantismo. Quando começo a explicar minha nova teoria, ele me olha como se eu fosse um brinquedo cuja bateria dura mais tempo que o esperado. Sei que às vezes ele não me entende. Sei que às vezes não ajo racionalmente e as pessoas não me entendem. Mas o que ele aprendeu é que eu não tenho tendência a surtar sem razão e que é de seu interesse tentar prestar atenção o máximo que pode, pois é óbvio que algo está acontecendo, e é altamente improvável que eu deixe para lá. Então ele apenas escuta, já que essa agora é sua missão como meu namorado. Ele fica sentado escutando, esperando encontrar logo a agulha do meu palheiro louco e complicado. (Que ele pode usar para arrancar seus olhos de tanto desespero.)

— Você não quer que nossa vida afetiva seja em alta definição?

— Não entendi a pergunta. Mas como eu quero que tudo seja em alta definição, a resposta é sim.

— O que estou buscando é *nossa* vida, *nosso* relacionamento, mas em alta definição. Assim, ele seria mais claro, mais definido, teria uma imagem melhor, um som melhor e eu estaria iluminada de forma a parecer mais magra e com bochechas rosadas.

Ele está pensando a respeito.

— Só estou dizendo que às vezes quero uma versão melhor da gente. O que eu queria naquela noite fatídica era que a gente ainda fosse a gente: um casal realmente apaixonado, mas em versão superfoda em alta definição e especial, em vez de Howard e Jenny em casa em um sábado à noite. Eu queria "Howard e Jenny vestidos para arrasar em Malibu", "Howard e Jenny ao vivo da praia sob a lua cheia", "Howard e Jenny usando a máquina do tempo romântica e voltando à época da formatura". Porra, eu teria feito a nova versão do filme *Love Story* com Howard e Jenny apaixonando-se na neve. — Ops, ele está se distraindo, penso rápido. — Ou "Howard e Jenny num ônibus desgovernado com uma bomba dentro!" em alta definição.

É como se eu conseguisse ver seu cérebro — parece um jogo de tabuleiro infantil: vejo o pino parado e depois avançando casas. Parece que ele está tendo um lampejo de compreensão.

— Então você está infeliz com nosso relacionamento?

Aí ele faz uma besteira no jogo e volta todas as casas até o começo. É por isso que o romantismo me deixa com raiva.

HOWARD: Nada disso, acho que estou entendendo! Tudo bem, estou entendendo alguma coisa. (Que coisa é essa, não faço ideia.) Afinal, essa é uma ideia conceitual, e geralmente prefiro ideias um pouco menos abstratas. Mas certamente entendo a beleza da alta definição. E ela está certa em dizer que não é como na vida real — é melhor. E também concordo que todo mundo merece ver o mundo em alta definição, mesmo que só por um momento. Certamente, Jenny e eu tivemos alguns momentos em HD em nossos dois anos juntos, quando tudo à nossa volta parecia trazer uma maravilhosa sensação de realidade melhorada. Nosso primeiro Ano-Novo juntos vem à minha mente. Estávamos num restaurante no centro, que ficava num andar alto e tinha uma linda vista da área central de Los Angeles. Mas a vista era apenas o brilhante cenário para a estrela cadente que Jenny era naquela noite. Tudo, dos letreiros em neon na janela aos talheres do restaurante, parecia mais nítido, mais brilhante e simplesmente melhor. Era uma daquelas noites em que você não acredita na sorte que tem em estar com aquela pessoa em especial naquele exato momento.

Sei que Jenny quer que eu a veja em alta definição.

Mas é assim que eu a vejo.

Mas eu tenho que fazê-la *enxergar* que é assim que eu a vejo. (E não só no Ano-Novo.) Então acho que tenho que mostrar isso a ela. Todos os dias. Ou por pelo menos mais dias do que tenho mostrado. E agora voltamos às questões práticas: a parte do esforço. O planejamento. A criatividade. Saber o que ela quer e ir além para dar isso a ela. Ainda acho difícil conciliar a estranha receita do romantismo, cujos ingredientes principais são o mágico e o prático. O espontâneo e o totalmente planejado. O real e o etéreo. Você tem que misturar bem a fantasia e a realidade para fazer a massa crescer.

Aproveitando que agora estou fazendo metáforas com comida, que estamos em terreno conceitual e que estou totalmente perdido de novo, me dá uma ideia um pouco menos abstrata, mulher!

AMOR DA YOKO

JENNY: Eu sabia o que tinha que fazer: tinha que falar com ele na linguagem masculina. Tinha que chegar ao lado dele e dizer aquilo diretamente, claramente e de forma que ele entendesse. E se aquilo não funcionasse, então talvez eu simplesmente tivesse que dar um soco na cara dele. Brincadeira.

— Eu quero o amor da Yoko.

— O quê?

— O jeito que John Lennon amava Yoko Ono. Eu quero isso.

— Você quer ser amada do jeito que acabou com os Beatles?

— É.

— Você não se importaria se a melhor banda da história acabasse por sua causa?

— Não me importaria.

— Você está dizendo que acabaria com os Beatles?

— Estou dizendo que não há dúvidas de que John amava Yoko.

— Mas ela acabou com a banda!

— Foi.

— E você acha isso romântico.

— De um jeito que não gostaria de achar. Mas, sim, secretamente, eu acho. Ele a amava. Ele a escolheu. Sempre há um preço.

— O preço é *acabar com os Beatles*? É um puta preço, então.

HOWARD: Inacreditavelmente, no dia anterior eu tinha visto um adesivo num carro que dizia: "AINDA ESTOU PUTO COM A YOKO." Ri quando o vi porque pensava a mesma coisa. Agora Jenny me pedia para virar a casaca. Para ser a pessoa que acaba com os Beatles! Num outro universo, naquele em que Jenny gostaria que vivêssemos, aquele adesivo diria: "AINDA ESTOU PUTA COM O HOWARD."

JENNY: Ele está horrorizado. Estou meio envergonhada de mim mesma. Não acredito que estou dizendo isso em alto e bom som. Não acredito que acabou nisto: um jogo de nervos romântico. Ele diz:

— Você está dizendo então que ficaria feliz se eu montasse uma banda, ficasse famoso no mundo inteiro com músicas que inspiram milhões de pessoas e aí eu desistisse de tudo por você, ao mesmo tempo perdendo alguns dos meus melhores amigos de infância?

— Estou dizendo que acharia isso romântico.

— Você é completamente maluca.

— Eu sei.

HOWARD: É claro que o adesivo que eu vira não refletia a verdade. Foi John quem acabou com os Beatles. Não Yoko. Seu amor por Yoko claramente era maior que seu amor por Paul — a quem ele já aturara o bastante até então. Mas será que Jenny não entende o que o fim dos Beatles causou? Além de John entrar numa semiaposentadoria, só saindo dela ocasionalmente para nos dizer que estava "olhando o movimento" — "*watching the wheels go round and round*" —, isso trouxe uma coisa muito mais devastadora para nossas vidas: a banda Wings. O grupo de Paul McCartney na fase pós-Beatles, com sua mulher, Linda. Era como se Paul dissesse: "Você está acabando com a banda por causa dessa mulher? Então vou montar uma com a *minha* mulher!"

É isso o que Jenny quer? Que sejamos os Wings? Uma banda totalmente inferior aos Beatles? Isso é amor? Isso é romântico?! Os Beatles gravaram o *Abbey Road* e o *Álbum Branco*. Os Wings gravaram "Silly Love Songs" — canções de amor bobinhas!

Peraí.

O negócio é esse?

Canções de amor bobinhas?!

Jenny e eu temos gostos musicais totalmente diferentes. Ela raramente se aventura além dos quarenta *hits* mais tocados. Eu gosto de música com um pouco mais de substância e peso. Mas não estamos falando de mim, estamos? (Mais tarde, entrei no site do iTunes e descobri que, é claro, "Silly Love Songs" é a música mais tocada dos Wings. Então baixei. E adivinha: continua tão ruim quanto na última vez em que você escutou.)

Ela tem uma batida estranha dos anos 1970. Num interlúdio esquisito, Paul e Linda cantam um refrão juntos. Mas ele continua cantando *"How can I tell you about my loved one?"* (O que posso falar da minha amada?) enquanto ela canta "I love you". Aí ele canta "I love you" e ela nos conta sobre *seu* amado. Mas, antes que os dois pombinhos concluam sua celebração descarada do amor, vem uma parte meio *disco music*.

Sim, é horrível.

Mas um horrível bonito, também. E tem algo estranhamente autêntico naquilo — como sempre pareceu haver na relação de Paul e Linda. Jenny pode defender o casal John e Yoko, mas sempre tive uma admiração por Paul e Linda que nem eu entendo. Para mim, as fotografias deles sempre pareceram revelar uma espécie de intimidade que não pode ser simulada. E a morte dela no auge de suas vidas foi tão trágica que eu nunca achei que Paul fosse superar. (E, a julgar pelas mulheres que ele namorou, com que se casou e de que divorciou, não acho que tenha superado.) Mas sempre vi o relacionamento de Paul e Linda como, bem, ouso dizer... *romântico.*

E de repente "Silly Love Songs" não parece uma canção de amor tão bobinha.

Ou, como Paul diria: *"It isn't silly at all!"* Não é nem um pouco bobinha.

É uma das músicas de Jenny Lee, se já ouvi alguma. Posso ouvi-la cantando enquanto dança pela casa. E acreditando nas mensagens melosas das canções de amor. Algumas pessoas querem preencher o mundo com canções de amor bobinhas. O que há de errado nisso?

Sem dúvida.

JENNY: Quem pode dizer se ele realmente entendeu minha analogia com os Beatles? Quem pode saber se um dia vai entender? Mas o que percebi naquele momento é que levo amor e romantismo muito a sério. É assim que quero viver. Não escolhi ser advogada como meus pais queriam que eu fosse. Resolvi lutar e tentar ser escritora. Não me acomodei num casamento medíocre. Escolhi largar meu marido esperando algo melhor. Não é que eu espere que tudo seja do meu jeito e siga em apenas uma direção. Eu me disponho totalmente a colocar o casaco sobre a poça para o Howard não sujar seus tênis novos. Estou disposta a arriscar, mesmo se não voltar cheirando a rosas. Me arriscar mesmo. Não quero ser aquela pessoa que fica sentada no sofá sábado à noite assistindo a um ótimo filme; quero vivê-lo. Quero andar na praia com as barras das calças dobradas, segurando a mão dele enquanto quatro cavalos selvagens disparam à nossa frente (a típica representação simbólica de alto grau de romantismo e sexualidade). Quero que ele diga "Você já viu uma imagem dessas?" e esteja se referindo à forma como o luar iluminou meu rosto (assim pareço ter bochechas rosadas) ou esteja se referindo a mim. A nós.
Ele não diz nada, e me controlo ao máximo para não fazer a pergunta. Mas faço. Tenho que fazer. "Em que você está pensando?"

HOWARD: Estou pensando o seguinte: *ela me deixa muito, muito roxo.* E eis o que eu disse: "Em você."

5

ENTRE UMA MULHER E SUA LOUCURA
E A ARTE DO SILÊNCIO MASCULINO

Jenny ficou puta comigo porque tive um caso.
No sonho dela.
Isso mesmo. Levei a culpa pelo que fiz *no subconsciente dela.*
E o interessante não é ela ter admitido que era loucura — porque ela não admitiu —, mas ter me contado que aquilo já acontecera antes. Aparentemente, também já tinha sonhado que seu ex-marido a traía. E o cara pagou por isso no dia seguinte. Estranhamente, ela me assegurou que ficara muito mais puta com ele por causa de seu caso imaginário do que comigo. Aquilo fez com que eu me sentisse melhor. Mais ou menos. O bom, disse ela, foi que acordou no meio do pesadelo, então pôde ficar com raiva de mim em carne e osso, e poderíamos "resolver aquilo juntos". "Por que você simplesmente não gritou comigo no sonho?", perguntei. Ela preferiu gritar comigo na vida real.

É loucura demais antes mesmo de levantar da cama.

Mas vejam o que ela me perguntou naquela noite, antes de dormir:

— Se eu virasse um bolo de chocolate gigante agora mesmo e você tivesse que ficar deitado ao meu lado a noite inteira e de manhã eu voltasse a ser eu e você não tivesse me comido nesse meio-tempo, você não me comeria?

Levei um tempo para digerir — por assim dizer. Então, disse calmamente que, se sua vida dependesse disso, eu não comeria o bolo de chocolate. Aqui está o que eu não fiz: não *comecei* a discutir com ela. Eu não disse "Posso te esquentar e colocar sorvete de creme?" nem perguntei "O que você quer dizer com isso, querida?". Simplesmente disse a ela que não comeria o bolo se sua vida dependesse disso e virei para o lado para dormir.

Me arrependi por não ter comido o bolo no dia enterior...

Eu sabia, ao voltar do trabalho, que seria uma noite difícil. Recebi a seguinte mensagem dela, mais cedo: **"Estou chateada porque Kimmel e Silverman terminaram... O que isso significa para nós?"** O talentoso casal de comediantes Jimmy Kimmel e Sarah Silverman havia terminado naquele dia. Na verdade, eu lera algo sobre aquilo havia uns três dias. Só não tinha contado a ela porque sabia o quanto ficaria chateada. Jenny leva os fins de relacionamentos de celebridades muito a sério. Muitas vezes mais a sério do que as próprias celebridades em questão. Sabe a primeira vez em que você termina com alguém e por um ou dois dias se sente livre, como se tivesse uma nova vida, antes de ser acometido por uma solidão paralisante? Jenny não passa por esse dia quando as celebridades terminam. Pula logo para a parte da tristeza. (Ela fica tão deprimida que temo o dia em que Brad Pitt e Angelina Jolie terminarem.) *"O que isso significa para nós?"*, perguntou ela. Para mim significava que a noite seria longa.

O fim do namoro de Jimmy Kimmel e Sarah Silverman era algo particularmente difícil para Jenny engolir. Não que a gente os conheça pessoalmente ou que nossas vidas fossem diretamente afetadas por eles de qualquer forma. Mas, na busca de Jenny por "provas externas" de que o "felizes para sempre" existia, ela colocou muita expectativa naqueles dois. E, diferente do filme *Top Gun — Ases indomáveis* ou do seriado *Dawson's Creek*, Jimmy e Sarah eram muito mais parecidos com a gente. Ela é diferente, sexy e engraçada como Jenny. E ele é engraçado e grandão como eu. Então, naturalmente, em sua cabeça, se Jimmy e Sarah não deram certo, nós também não daríamos. A lei dos relacionamentos é assim:

A = B = C
Se
Jimmy + Sarah = amor condenado
e
Howard + Jenny = Jimmy + Sarah
Então
Howard + Jenny = amor condenado

O que eu acho dessa forma de prever nosso futuro: é completamente insana! Mas é assim que a cabeça dela funciona. Calma, a insanidade não para por aí. Vamos colocar também na mistura louca o fato de que Jenny leva personagens de TV muito a sério. *Ela acha que Meredith e o doutor McDreamy, da série* Grey's Anatomy, *são pessoas de verdade.* Acha que os problemas deles são os nossos problemas do dia a dia. Ela veio até mim certa noite e bateu no meu peito, *com força,* porque o personagem de Andrew McCarthy no seriado *Lipstick Jungle,* Joe Bennet, teve um caso com uma garota que não era sua namorada, Victory. Ela estava puta. "Ele era um cara ótimo! Ah, HOWWWWWARRRRRRRD!", choramingou ela, aparentemente me confundindo com Andrew McCarthy.[5] (Eu nem vi mais filmes com esse ator depois de *Um morto muito louco,* de 1989.)

---

[5] Meses após este incidente, mandei um e-mail para Jenny dando a triste notícia de que eu acabara de ler que *Lipstick Jungle* seria cancelado. Seu e-mail em resposta: "O quê?! Ai, droga... Acho bom Victory e Joe Bennett ficarem noivos nos episódios restantes. Eles vão cortar imediatamente? Só quero que Victory e Joe Bennett fiquem juntos e sejam felizes... (ele é bilionário e ela é magérrima, então se eles não conseguem ser felizes, ninguém consegue!)"
Algumas semanas depois, *Lipstick Jungle* magicamente não seria mais cancelado, então acho que Jenny não era a única torcendo por Joe Bennet e Victory.

Então, na noite anterior, enquanto lamentava o triste destino de Jimmy Kimmel e Sarah Silverman, Jenny voltou a nos comparar a outros infelizes casais da televisão. De repente, éramos Ross e Rachel na terceira temporada de *Friends* — quando Ross achou que eles estavam "dando um tempo" e transou com alguma vagabunda. Ela também é a Carrie do Mr. Big, de *Sex and the City*, quando ele volta de Paris comprometido com uma garota mais nova e mais gostosa. Quando ela nos compara a Luke e Laura, de *General Hospital*, "nos primeiros anos", e diz que meus "problemas para controlar a raiva" estão levando-a de volta a Scott, percebo que é hora de interferir.

Agora, sei tão bem quanto qualquer um que não devo meter o bedelho na loucura. Mas não resisti. Então, calmamente expliquei a ela que aqueles personagens não são pessoas reais. Até mostrei, com o que pensei ser uma lógica muito legal e perspicaz, que *nós*, sendo pessoas que realmente *escrevem para televisão*, deveríamos saber que Meredith e McDreamy, Ross e Rachel, Luke e Laura não são nem tão reais quanto Jimmy e Sarah, quanto mais Howard e Jenny! É um argumento quase invencível, não? Sabe, como você pode não achar que está certo? É muito estúpido. Assunto encerrado antes mesmo de começar. Estou do lado certo desta vez, com certeza. Você até apostaria dinheiro num idiota como eu quando uso este argumento.

E você perderia seu dinheiro.

Perdi a briga. A parte triste é que nem estava perto de terminar. Ela me deu um banho de água fria. Disse claramente que eu estava absurdamente errado: Meredith e McDreamy *são* reais. "Estas histórias vêm de algum lugar. E são escritas por pessoas reais, e, se o negócio não fosse real, essas pessoas não poderiam tê-las escrito. Você sabe como funciona a sala dos redatores", disse ela, quase acusadora. "Todos compartilham suas histórias pessoais, e as coisas acabam nos roteiros!" Aí ela lembrou, com poucas palavras, que nós trabalhamos juntos "na sala" e "nós dois sabíamos como funcionava."

Então ela levantou as especificidades de algumas coisas que eu havia escrito para a televisão — muitas eram vergonhosas e muitas eram verdadeiras. Mas não para por aí! Ela percorreu tudo o que eu havia escrito que não havia realmente acontecido comigo, "mas meio que tinha, na verdade". Ela estava apresentando uma argumentação complexa porque envolvia *sentimentos reais* que uma pessoa tem quando escreve alguma coisa e todas as coisas bem reais nas quais eu deveria estar pensando na época — o que, segundo ela, apenas confirma sua posição de que há muita verdade no que é escrito, *principalmente quando o roteiro é bom.*

E de repente ela me fez acreditar que, Meredith e McDreamy são pessoas reais e que seus altos e baixos têm o poder de prenunciar os nossos. Mas o pior é que, em vez de ser a voz da razão — o que poderia ter acontecido se eu simplesmente a tivesse ignorado e não dissesse nada —, agora eu havia legitimado seus sentimentos insanos. Fui tragado pelo vórtice da loucura. Estava preso em sua lógica de vodu. E este novo mundo em que o certo é errado seria um inferno. Porque agora ela estava ainda mais infeliz, já que "estava certa o tempo todo!". E, com seus maiores medos confirmados, ela ficava cada vez mais fora de controle. Faria coisas como me acusar de ter um caso durante o sono e me perguntar se eu a comeria se fosse um bolo de chocolate. Na verdade, consegui *aumentar a loucura.*

E eu poderia ter evitado isso.

AS LIÇÕES DE ELIZABETH — PARTE DOIS

TUDO QUE SEI SOBRE MULHERES APRENDI NA ÉPOCA DE CALOURO NA FACULDADE.

Sim, vamos falar de Elizabeth. De nooovo! Vamos rememorar toda a minha idiotice de calouro. Se quiser examinar seus padrões de comportamento com o sexo oposto — e, sejamos sinceros, você não quer — você nunca vai errar ao lembrar a primeira vez em que realmente se apaixonou. Todos os erros futuros começaram naquela época. Infelizmente, estamos todos estúpida ou loucamente apaixonados demais para aprender muita coisa com aquilo. *Na época.*

Com Elizabeth, definitivamente dei todos os passos errados. Se tivesse apenas uma vaga noção de como funciona a mente feminina, ainda teria lutado com algum heroísmo tardio. Mas, naquele dia fatídico, meu destino foi selado. Estava todo escrito na parede do refeitório do alojamento estudantil certa noite, na hora do jantar. Mas a parte realmente triste era que eu nem sabia disso.

Estávamos comendo um prato que os cozinheiros dali chamavam de frango leste-oeste, o que sempre me intrigou. É leste ou é oeste? Como pode ser as duas coisas? Entrei num devaneio sobre o frango leste-oeste, completamente convencido da minha sabedoria, mas ela estava chateada com alguma coisa naquela noite, algo relacionado à mãe. Deve ter sido uma daquelas coisas que ficam no ar, despercebidas no meio da conversa, enquanto jogávamos conversa fora entre o frango leste-oeste e o bolo de pêssego. *Mas eu dei trela.* Primeiro erro. Mas não era o erro fatal. Este viria pouco depois.

Ela me disse que estava puta com a mãe porque ela decidira mudar de curso e a mãe deveria contar a seu pai, mas ainda não havia feito isso. Por ser um verdadeiro calouro em todos os setores da vida, perguntei por que *ela* não contava ao pai. Jenny disse, meio seca: "Simplesmente não dá para conversar com o velho." Isso confundiu minha mente jovem e inexperiente, porque ela costumava falar com muito carinho sobre o pai e sobre como ele era um "santo". Aí ela começou a reclamar da "bruxa da minha mãe", que não havia contado sua decisão de largar o curso a seu pai, e agora ele estava vindo visitá-la, e seria um desastre, e era tudo culpa da mãe.

"Tudo culpa da sua mãe?", disse eu, em dúvida. *"Sério?"* Ela suspirou, visivelmente irritada e explicou: era *responsabilidade* de sua mãe contar certas coisas a seu pai. Eu disse (eu era tão ingênuo na época que dá pena, não é?): "Você não acha que é *sua* responsabilidade contar certas coisas a seu pai? Principalmente se tiver a ver com a sua decisão de largar a faculdade?"

Agora a fumaça não vinha só do frango leste-oeste.

"Eu conto para minha mãe. E aí ela conta para o meu pai. É assim que funciona!"

"Ah", disse eu. "Que merda." E ela fuzilou de volta: "Bem, é assim que funciona na minha família! Sempre foi e sempre será assim!" Então informei a ela, do alto da minha sabedoria, que sua família era "totalmente errada". (Eu aprendera essa expressão da palavra na noite anterior, fumando maconha com uma garota de Highland Park, em Illinois, que estava tentando me convencer de que ser de lá era a mesma coisa que ser de Chicago.)

Agora não lembro exatamente o que aconteceu depois, mas tenho uns flashes do bolo de pêssego sendo amassado na mesa e de alguém indo embora. Se a memória não falha, foi ela que foi embora, e eu que fiquei sentado, cheio de pedaços de bolo na camisa.

O que definitivamente não aconteceu foi a gente transar — o que eu ainda tinha esperanças até o incidente com o bolo de pêssego. E lembre-se: EU A AMAVA. EU ERA LOUCO POR ELA. EU ESTAVA OBCECADO POR ELA. EU TERIA FEITO QUALQUER COISA POR ELA. ENTÃO POR QUE NÃO CALEI A PORRA DA MINHA BOCA?

ERROS DE INICIANTE

Eu a *estimulei* a falar sobre um problema com a mãe. O que sempre é um erro. Mas se você se pegar conversando com uma garota sobre a mãe dela, o mínimo que deve fazer é *concordar com ela*. Simplesmente concorde. Não faça perguntas. O que pode sair de bom de uma discussão sobre a loucura da família dela? A resposta é: nada. Assinta de forma solidária, concordando. Grunhidos do tipo "aham" acompanhados por outros sons de mastigação, definitivamente. Mas por que cutucar a louca com vara curta? E quem sou eu para cutucar? Como se minha família também não fosse meio errada. (Se era responsabilidade dela ou da mãe contar ao pai é irrelevante. Até hoje, não sei se era a melhor ideia, mas se não era, tenho certeza de que ela descobriu isso sozinha, muito obrigado.) Eu me coloquei num papel nada invejável. Em vez de ser o cara legal com quem ela realmente podia conversar, eu agora era o babaca incompreensivo, o imbecil crítico, e o pior de tudo, o cara que defendia a mãe dela.

Repeti esse erro várias vezes durante a faculdade. Acho que as famílias de todos pareciam tão distantes e estranhas e de alguma forma tão... *erradas*. Todas as garotas que eu conhecia pareciam ter uma família mais louca que a outra. E todas tinham a estranha ideia de que aquilo tudo era normal. Eu achava que só a minha família era normal! Eu era tão jovem... Se eu simplesmente tivesse guardado meus pensamentos para mim, poderia ter tido um primeiro ano decente na faculdade.

No primeiro dia do segundo ano, eu estava andando na rua quando meu coração parou. Elizabeth estava andando de mãos dadas com um amigo meu. Na verdade, eu os havia apresentado! Minha vontade era correr para algum canto e vomitar. Em vez disso, os três se cumprimentaram com sorrisos constrangidos, todos desejando que aquele momento terminasse rápido. Passei um ano apaixonado por ela, e no final foi ele quem pegou a garota. Depois de algumas semanas tensas entre nós, fiz as pazes com meu amigo, mas nunca mais falei direito com Elizabeth. Simplesmente doía demais. Depois da faculdade, perdi o contato com os dois. Mas anos depois encontrei novamente meu amigo em Los Angeles. Ele e Elizabeth tinham terminado havia muito tempo, e perguntei como ele lidava com um problema que, para mim, não era apenas a raiva que ela sentia do pai, mas também a raiva diante dos homens em geral. Ele só disse: "Ah, eu simplesmente ficava quieto. O que pode sair de bom dessa guerra?"

As lições de Elizabeth renderam frutos. Um deles é a noção básica de ter compaixão por todos. Que você deve ter um grande coração. Ser generoso não apenas com seu amor, mas com sua capacidade de perdoar a fragilidade — ou a insanidade — humana. Todos somos loucos. Posso não ter entendido isso na faculdade, mas agora entendo. Elizabeth era uma garota ótima. Tinha alguns problemas, mas quem não tem? E não importa onde ela esteja hoje, tenho certeza de que tem uma vida fantástica, emocionante, criativa.

Mas a maior lição que tirei de Elizabeth foi: *nunca se meta entre uma mulher e sua loucura*.

Muito da arte de lidar com as mulheres está no simples ato de sair da frente delas. Noventa por cento do sucesso de um relacionamento depende de saber quando calar a boca. As mulheres pedem a sua opinião, mas nunca a querem realmente. Só querem que você fique em silêncio enquanto reclamam que você não opina. Por que mais elas desprezariam nossa opinião tão rápido quando de fato a damos? O que elas certamente não querem é que você se meta na loucura delas. Querem que você deixe a loucura respirar.

Nunca se meta entre uma mulher e sua loucura.

É uma batalha que você nunca vai vencer. A loucura é sempre mais forte que a razão. Você não se jogaria na frente de um trem em movimento. Então por que você se meteria entre uma mulher e a loucura dela? Infelizmente, a maioria dos homens vive sob a falsa impressão de que é nosso dever *corrigir* a loucura. Perguntamos, honestamente, como o mundo vai entrar nos eixos se a loucura permanecer. E se conseguirmos pará-la, achamos que de alguma forma as coisas ficarão mais corretas no universo (quando na verdade é só uma forma de forçar uma mulher a pensar exatamente como nós)

Mas aqui está o que meu amigo da faculdade sabia sobre a loucura e que você não sabe: **A LOUCURA CONSOME A SI PRÓPRIA.** Você não pode apagar a chama da loucura. Como um grande incêndio numa floresta, você deixa pegar fogo até o fim, e assim acontecerá. Isso se você não alimentar as chamas.

A ARTE DO SILÊNCIO MASCULINO

O tradicional tipo de homem "forte e calado" muitas vezes é censurado pelas mulheres dos dias de hoje. Talvez pareça demais com o pai distante delas, mas o arquétipo Clint Eastwood/caubói agora é considerado um homem distante *demais*. Quando não é ignorante emocionalmente, com certeza falta-lhe a capacidade de dominar a linguagem dos sentimentos e de se comunicar com elas de forma significativa. E é verdade que sua reticência persistente, especialmente nas horas de grande necessidade emocional, pode aumentar a loucura de uma mulher. Portanto, esse tipo não corresponde mais à visão ideal de masculinidade ou de companheirismo da maioria das mulheres.

Mas há uma coisa muito valiosa que o tipo forte e calado pode nos ensinar: a hora de calar a boca. O tipo forte e calado nunca se mete entre uma mulher e sua loucura. Ele conhece a frase do escritor Mark Twain: "É melhor manter a boca fechada e deixar os outros acharem que você é burro do que abri-la e acabar com a dúvida."

Admito que não faço o tipo caladão. Sou falante. Posso falar pelos cotovelos. As mulheres sempre acham isso "uma mudança renovadora", principalmente se comparado a seus últimos namorados. Até eu falar algo que nunca deveria ter dito e elas começarem a ter saudade daquele "babaca que não sabia se comunicar". Meti os pés pelas mãos tantas vezes que eles devem ter dado um nó. Vi palavras que eu disse se transformarem em bumerangues vivos e, ao tentar desesperadamente desviar-me delas quando lançadas de volta para mim, só consegui piorar as coisas. Certa vez, quando me vi como um completo lunático tentando sair de outra fria, Jenny alertou: "Abaixe a pá e afaste-se do buraco." O que foi rapidamente seguido por uma pergunta mais direta: *Por que você ainda está falando?!"*

Então, o que há de errado comigo e com outros homens como eu? Por que simplesmente não calamos a boca? Por que nos metemos entre uma mulher e sua loucura e provocamos ainda mais loucura?

Porque na verdade tínhamos algo a dizer que não era uma idiotice.

O que complica ainda mais a coisa de "por que simplesmente não calei a boca?" é que muitas vezes o homem tem algo *válido* a dizer. Algo importante. Algo que deve ser dito à mulher. Algo que *deve ser* discutido em seu relacionamento.

Só que ele certamente dirá isso na hora errada.

Quando penso nas vezes inoportunas em que entrei em determinados assuntos... A começar pelas coisas que já disse na cama! O silêncio pode nem sempre valer ouro, mas teria valido naquele momento. Posso ser o rei de dizer as coisas na hora errada, mas dificilmente estou sozinho nessa. As mulheres reclamam disso nos homens o tempo todo. "Por que o idiota tinha que falar aquilo naquela hora?" Se tivéssemos aprendido desde cedo a hora de falar as coisas, talvez pudéssemos ter evitado grandes desastres. Se houvesse uma aula de "Quando dizer tal coisa" no colégio, com testes de múltipla escolha com as opções "agora ou depois", talvez aquela época não tivesse sido uma imensa perda de tempo.

1. A mãe dela chega em vinte minutos — AGORA OU DEPOIS?
2. Ela acabou de sair do cabeleireiro — AGORA OU DEPOIS?
3. Ela acabou de perder o emprego — AGORA OU DEPOIS?
4. Ela acabou de te pagar um boquete — AGORA OU DEPOIS?
5. Ela quer discutir a relação e seus sentimentos mais profundos, mesmo aqueles que podem ser dolorosos para ela — AGORA OU DEPOIS?

Acho que a resposta para as perguntas 1 a 4 é DEPOIS e para a número 5 é AGORA. Bom, não tenho certeza, porque na escola estávamos ocupados demais aprendendo coisas inúteis como matemática!

Mas, mesmo que você saiba essas regras básicas, ainda tem que aprender a não dizer nada no calor da loucura dela. Principalmente quando o calor está fervendo e ainda mais quando a loucura dela está voltada diretamente contra você.

O INCIDENTE DO MERCADO (E O MOMENTO DE OURO)

Jenny me culpou pelo mercado.

Não por existir um mercado. Mas por sua péssima experiência no local e por mandá-la ir até lá para começar. Aparentemente, eu deveria tê-la alertado de que estaria cheiíssimo àquela hora da manhã e que estacionar o carro seria um pesadelo. Sei o que ela acha de estacionamentos e de multidões — ela me contou —, então foi um crime deixá-la ir.

Sinceramente, foi como mandá-la para a guerra do Vietnã. E ela ficou furiosa comigo. Algumas horas antes, ela havia dito que queria comprar frutas frescas. Eu não pedi a ela para comprar frutas. É claro que gosto de frutas frescas, mas nunca disse a ela: "Eu quero frutas frescas, mulher, e você tem que trazê-las para mim agora!" Ela me pediu uma sugestão de mercado, e pensei imediatamente no Mercado dos Produtores de Santa Monica, já que moramos em Santa Monica.

Mas quando chegou em casa ela começou a esbravejar comigo. Sentindo-me injustamente atacado, eu provavelmente teria entrado na onda daquele momento — e aumentado sua loucura. Felizmente, eu não tinha tempo, porque havia marcado de ir para a academia. E fui. Mas, enquanto levantava pesos, fui ficando com mais e mais raiva. Fiquei muito puto. Não estava acreditando que ela estivesse me culpando por mandá-la a um lugar para onde ela pedira que eu a mandasse! E não é de conhecimento geral que os mercados às vezes ficam lotados!? Principalmente aos domingos?! Na verdade, eu deveria ser tratado como um herói por ter respondido ao chamado e encontrado frutas para uma pessoa que necessitava tanto delas! Mas só levei patada. Nenhuma boa ação passa em branco. Quando terminei de malhar, decidi que falaria poucas e boas para ela!

Subi as escadas procurando por ela. A porta do quarto que chamamos de biblioteca estava fechada. E ela nunca fecha a porta da biblioteca. Obviamente, ainda estava puta e irritada. Bati na porta. Ela não me ouviu ou então me ignorou. Meu coração acelerou enquanto eu batia com mais força. *Talvez eu deva simplesmente arrombar essa porta!* E comecei um monólogo na minha cabeça: *Quer saber? Foda-se você e sua raivinha! Estou de saco cheio de você me culpar por tudo que dá errado na sua vida! Sou a melhor coisa que já te aconteceu, e se você não se tocar disso eu tô fora!*

Então ouvi a porta se destrancar. Naquele exato momento lembrei-me de outra lição de Elizabeth: *compaixão*.

Abri a porta lentamente e espiei. Ela estava sentada na cadeira, com uma expressão que, de primeira, eu não soube dizer se era chateada ou homicida. Eu não sabia exatamente.

HOMENS SÃO ESTÚPIDOS 101

"Tudo bem? Estou preocupado com você", disse eu. Ela olhou para mim, os olhos inchados de lágrimas ou raiva — não dava para saber. "Querida, desculpa por ter te mandado para aquele inferno", disse eu. "Eu sei que você detesta multidões. Eu simplesmente não pensei. Acho que a ideia de comer pêssegos frescos me deixou cego. Sinto muito por isso ter sido uma péssima experiência para você. E desculpe especialmente por ter provocado isso. Porque minha intenção nunca é te estressar. Eu te amo. E também estou muito chateado porque poderia ter evitado isso. Poderia ter recomendado o mercado de produtores de Palisades. Lá o estacionamento custa três dólares, e os ricaços não querem pagar, então há muitas vagas! E não fica muito mais longe que a porcaria do mercado de Santa Monica. Desculpe. Eu errei. E vou me esforçar muito para não deixar isso acontecer de novo."

Ela se derreteu toda.

Então pediu desculpas por ter enlouquecido daquele jeito. Cinco minutos depois, tínhamos esquecido tudo aquilo; estávamos rindo, nos olhando com carinho e comendo pêssegos frescos. Mas eu não podia evitar pensar: "Ai, meu Deus, o que teria acontecido se eu tivesse arrombado a porta?!"

Eu provavelmente estaria com um olho roxo por causa de um pêssego voador. Ou coisa pior.

E houve épocas em que eu realmente teria arrombado aquela porta.

Agora eu gostaria de pedir desculpas a todas as mulheres que estavam do outro lado da porta quando eu a arrombei. E por todas as vezes em que eu enfiei o bedelho entre uma mulher e sua loucura, em uma tentativa desastrada de melhorar as coisas, quando só consegui piorá-las.

Você já se perguntou por que as garotas curtem bombeiros? Não é porque eles são todos bonitões, porque não são.

As mulheres adoram um homem que apaga um incêndio.

RESPOSTA DA JENNY

SEJA ESPERTO, NÃO PROVOQUE

Ela já está emotiva (ou o que vocês homens chamam de "maluca"). Vou ensinar como não tornar as coisas piores (ou o que vocês homens chamam de "mais malucas"):

1. **Ela está se sentindo envergonhada ou humilhada.** (Por exemplo: Ela se arrumou toda e quebrou o salto, o que a fez tropeçar e cair na frente de estranhos e destruir um de seus pares preferidos.)

O que não fazer:

a) Dizer: "Não se preocupe, querida, filmei tudo com meu celular e logo você será a nova sensação do YouTube."
b) Dizer: "Sabe, sempre achei que esses sapatos causariam um acidente um dia."
c) Não ajudá-la a se levantar.
d) Rir.
e) Distorcer os fatos e escrever sobre isso mais tarde para deixá-la mais envergonhada. (Por exemplo: não era eu quem queria frutas do mercado de Santa Monica naquele dia! Eu estava comprando frutas para ele! Não sou eu quem precisa comprar frutas!)

2. **Ela está com raiva por alguma coisa que é culpa sua.**

O que não fazer:

a) Lembrar as outras vezes em que ela te deixou com raiva de forma similar.
b) Ficar com raiva também e gritar com ela.

c) Culpar os outros: seus filhos, o cachorro ou outro espectador inocente.

d) Dizer: "Não precisa ficar com tanta raiva, não foi uma tragédia tão grande assim. Você não acha que está exagerando um pouco?"

e) Dizer: "O que você quer que eu faça? Eu já pedi desculpas quatrocentas vezes." (Isso aconteceu no fim de uma de nossas primeiras brigas. Digo "no fim" porque depois que ele disse isso, surtei e comecei a gritar: *"É mesmo? Ótimo, bom saber que o máximo que eu vou receber são quatrocentos pedidos de desculpas! Quantos 'eu te perdoo' será que eu ainda tenho? É melhor eu dar uma olhada no meu livro de contas.")*

3. **Ela está à beira de um ataque de nervos.** (Motivo: desconhecido. Mas é óbvio se observar um dos seguintes sinais: ela ainda está usando pijama ou qualquer outro tipo de calça com cintura de elástico no final da tarde; há caixas de pizza e de chocolate vazias e embalagens de papel que ela nem se importou em esconder; há montinhos de lenços de papel amassado em volta dela ou no sofá; ela está propositadamente assistindo a *Flores de aço*, *Laços de ternura*, *Uma linda mulher* ou *Da magia à sedução*).

O que não dizer:

a) "Espero que você tenha separado um pouco de pizza para mim."

b) "Hmm, acho que o tio Funéreo e a tia Maria Pia estão por aqui."

c) "Se você acha que seu dia foi ruim, o meu foi pior ainda."

d) "Espero que você não esteja chateada comigo, porque não fiz nada."

e) "Você está vendo esse filme de novo? Você sabe que ela morre, não sabe?"

4. Ela está de cama, doente

O que não dizer:

a) "O que quer que você tenha, não passe para mim."
b) "Nossa, você está com uma cara péssima."
c) "As únicas pessoas que eu conheço que têm nariz mais vermelho que o seu são um cara bêbado ou aquela rena, como se chama mesmo? Sabe, a rena do nariz vermelho, do Natal. Qual é o nome dela? Ah, você sabe o nome. Cara, vou ficar maluco se não lembrar. Você não quer procurar no Google para mim? Estou curioso para saber."
d) "Eu faria umas panquecas ou uma sopa para você, mas não sei cozinhar."
e) "Eu faria umas panquecas ou uma sopa para você, mas eu sei que você odeia quando eu faço bagunça na cozinha."
f) "Eu faria umas panquecas ou uma sopa para você, mas você sabe que estou tentando parar de comer panqueca." (Este é um clássico do Howard.)

5. Ela está triste e deprimida

O que não fazer:

a) Tentar fazer brincadeiras para animá-la. Tipo: não atire papeizinhos nela; não conte piadinhas e não puxe os lábios dela para cima dizendo "Quero ver um sorriso".
b) Tentar fazê-la se sentir melhor dizendo que as coisas são relativas. "Querida, tudo é relativo. Você sabe que tem gente em situação bem pior que a sua. Vou pegar o mapa rapidinho para mostrar os países onde elas vivem."
c) Dizer que você nunca "entendeu" esse negócio de depressão até ver um comercial com o Smiley triste e de-

primido, que depois toma uns remédios e fica feliz. E não pergunte: "Você está se sentindo como o Smiley deprimido do comercial?"

d) Perguntar "Que que foi, meu amor?" com vozinha de bebê e então deitar na cama com ela falando tatibitate ou brincando que está chorando.

e) Fazer aquele negócio em que você (Howard) finge quebrar um ovo na cabeça dela com as mãos e simula o negócio escorrendo pela cara dela. (Como vimos, isso só vai fazê-la começar a chorar.)

6. Ela admitiu que está maluca, irracional, histérica etc.

O que não fazer:

a) Tentar argumentar com ela.

b) Dizer "Você pirou" ou "Isso é irracional!" (Confie em mim, nós sabemos.)

c) Começar a falar com uma voz estranha que você acha ser "parecida com a voz tranquila de um terapeuta".

d) Falar com ela como se ela fosse um animal violento, surda ou burra.

e) Embarcar passivamente no trem da loucura.

f) Entender isso como um problema seu. Ela é a dona da loucura, e é responsabilidade sua ajudá-la da forma mais útil para ela.

Quando estiver em dúvida em relação à situação, não custa nada abraçá-la, fazer carinho, tentar fazê-la rir (desde que não seja dela mesma, por favor) e dizer a ela que a ama, independentemente de como ela está se sentindo. Se você fizer panquecas ou sopa, não se esqueça de limpar a cozinha depois.

Acredite, não é tão difícil quanto você pensa lidar com a loucura dela. Apenas descubra do que *ela* precisa e faça isso por *ela*. E se você precisar de uma fórmula simplificada: DESCUBRA E FAÇA. Primeiro, descubra qual é o estado emocional dela (exemplos: ela acha que está gorda? Muito gorda? Com raiva? Mal-humorada? Nervosa? Chateada? Puta?) e então faça uma festa para ela (flores, panquecas, balões ou uma joia)!

6

LINGUAGEM DOS SINAIS

Este ano tivemos um feriado do Dia do Trabalho detestável. Passei toda a noite anterior acordado com dor de barriga, assistindo ao programa beneficente de Jerry Lewis (Gloria Gaynor ainda canta "I Will Survive" depois de todos esses anos!). Jenny estava cansada e começando a ficar com uma infecção na garganta. Tínhamos grandes planos que foram postergados e depois cancelados quando nossa máquina de lavar vazou e a água jorrou escada abaixo (ela fica no andar de cima, não me pergunte por quê). Acabamos andando até a locadora sob o calor escaldante com nosso cachorro — que também estava prestes a pegar sua própria doença — e alugamos um filme de terror chamado *A morte convida para dançar*. (Escolha da Jenny: ela gosta de filmes que dão medo.) Se não é o pior filme do mundo, chega perto. E, enquanto rezávamos para a noite chegar logo e ir deitar, uma expressão familiar tomou conta do rosto de Jenny. E eu sabia o que estava por vir. Já tinha ouvido isso tantas vezes...

— *E se for um sinal?*

Como vimos no capítulo anterior, Jenny tem uma tendência a atribuir significados a coisas que podem ou não significar algo para a gente. Ela me diz "Isso é um sinal!" frequentemente. Mas, com ainda mais frequência, ela diz: "*E se isso for um sinal?"* E esta pergunta pode surgir de qualquer coisa que eu faça. Ou do nada. Geralmente, é uma comparação com algo que eu fazia anteriormente em nosso relacionamento. E o fato de que *eu fazia* algo que *não faço mais* sempre significa a mesma coisa: *"Isso é um sinal."*

E os sinais negativos sempre ganham dos positivos.

Nos divertimos muito no dia anterior ao feriado ruim. Mas qualquer "sinal" vindo de um dia ótimo *antes* do feriado foi imediatamente superado pelo sinal obviamente mais forte vindo de um péssimo feriado. Eu também havia ligado para ela pouco antes e lhe falado para entrar no site da revista *People,* que tinha a grande manchete: JIMMY KIMMEL E SARAH SILVERMAN REATAM! O artigo dizia: "Eles estão indo com calma, mas no caminho de reatar o relacionamento."

— Isso tem que ser um bom sinal! — gritei ao telefone. — Ou pelo menos o contrário de um mau sinal, certo?[6]

— Talvez... — foi sua resposta surpreendentemente seca. — mas agora estou preocupada com Téa Leoni e David Duchovny — disse. O ator havia entrado em uma clínica de reabilitação para tratar de seu vício em sexo. Vários meses depois, eles anunciaram o divórcio. E esse *era* um mau sinal.

Mas a busca por sinais em relacionamentos, sejam eles reais ou não, não pode ser considerada algo exclusivo da Jenny. Essa é uma preocupação de todas as mulheres. Em parte porque a busca por significados em todas as coisas é de sua natureza, mas também é resultado do fato de os homens serem pouco transparentes em relação a seus sentimentos — mesmo os bons. Isso dá muita asa para a imaginação fértil das mulheres crescer, muito espaço para *interpretações* e muito espaço para sinais. A mente de uma mulher é uma coisa

---

[6] Na época da publicação deste livro, Sarah Silverman e Jimmy Kimmel haviam terminado de novo, provando de uma vez por todas o perigo de se usar relacionamentos de celebridades como "sinais" para a sua própria relação. Sinceramente, não aguento mais a montanha-russa que é o relacionamento de Jimmy e Sarah.

perigosa. E devaneios deixados à própria sorte podem rapidamente sair de controle.

Por outro lado, os homens tendem a presumir que está tudo bem e seguem com suas vidas até o dia em que chegam em casa e descobrem que suas esposas estão indo embora. "Hã?", dizemos. *"Eu não percebi os sinais!"* Você já conversou com um casal recém-divorciado? Provavelmente, a mulher destila amargura e o homem está confuso. (Ele fica amargo depois. Mas a confusão sempre vem primeiro.) Ela deu, durante meses, sinais de que estava realmente infeliz, mas ele não percebeu. Os homens tendem a ver os sinais só depois que o relacionamento termina, o que não pode ser chamado exatamente de ver os sinais.

As mulheres veem sinais em todas as situações. (LOUCURA)

Os homens nunca percebem os sinais. (ESTUPIDEZ)

SINAIS DO SEXO

Outra coisa que não aconteceu naquele feriado foi o seguinte: sexo. Nós não transamos.

Em algum ponto entre minhas corridas ao banheiro, Jenny tendo outro ataque de tosse, nós dois pegando mais toalhas e baldes para conter a água que rapidamente alagava nossa casa e nós dois ficando cada vez mais cansados, deprimidos e irritados, você pode imaginar que não tivemos tanta empolgação para fazer isso.

Mas era feriado, e me disseram que quando você para de transar no feriado é sinal de que alguma coisa está muito errada.

O sexo é cheio de sinais. Nenhuma área de um relacionamento é mais cheia de sinais e seus possíveis significados do que "as coisas que ele ou ela fizeram ou não na cama". E esse é um assunto particularmente delicado por causa das mudanças pelas quais o sexo passa ao longo de um relacionamento. No começo, o casal transa muito. E depois menos. E aí quase nada.

Isso deixa qualquer um maluco.

Porque toda vez que começamos um relacionamento, temos certeza de que será diferente daquela vez. Todos os analistas dizem que é normal a vida sexual dar uma sossegada e ser substituída por uma versão do amor mais tranquila e companheira. Eles garantem que num relacionamento longo o sexo vem e vai. Mas, para a maioria das pessoas, quando ele vai, nunca "vem" na mesma quantidade de antes. Então os sinais ficam visíveis para os dois lados enquanto nos defendemos ou nos *preparamos para* a inevitável queda do que já foi um dia uma paixão incontrolável. O momento em que elas dizem às amigas: "Ele não quis fazer aquele negócio!", ou que ele insiste: "Ela *adorava*, eu juro!"

Conheço um cara que sempre tirava o relógio antes de transar para não arranhar a pele da namorada. Ela considerou aquilo um ótimo sinal de sensibilidade em relação à pele dela e também a seus sentimentos. Um dia, então, chegou a inevitável noite em que ele não tirou o relógio. Ela considerou aquilo um sinal, e não era um bom sinal. Conheço uma mulher que compartilhava com o namorado a paixão pelos esportes. Então, certa noite, ele sugeriu que transassem assistindo a uma mesa-redonda na TV. E mesmo assim, na época, ela não percebeu isso como um sinal de que aquele relacionamento não seria dos mais românticos e íntimos. Deveria.

ISSO *É* UM SINAL

Às vezes sinais são sinais, e outras, não. As mulheres falham ao ver muitos sinais falsos — o que as deixa loucas. E os homens falham ao não perceber nenhum sinal — o que os torna idiotas. No entanto, diferenciar os sinais verdadeiros dos falsos às vezes é dificílimo. Freud, o mestre da interpretação de sinais, disse: "Às vezes um charuto é só um charuto." A não ser quando não é.

Não me orgulho em dizer que já deixei passar vários sinais. O primeiro casamento tem uma quantidade assustadora de sinais perdidos, ignorados, sobre os quais mais tarde discute-se e arrepende-se. No meu aniversário de 36 anos, minha ex-mulher me deu de presente uma viagem surpresa a São Francisco, onde ficamos num lindo e exclusivo hotel de luxo. Acordei no dia seguinte e descobri que vários dos meus melhores amigos haviam ido até lá para uma festa surpresa para mim, naquela noite, em um iate alugado na baía, onde havia um fabuloso jantar, e fui coberto de presentes e amor. Ah, e por acaso, naquela noite, havia um grande show de fogos de artifício na baía, então ficamos com os melhores lugares sem ter que disputar com a multidão.

Revisando: barco, jantar fabuloso, drinques deliciosos, amigos maravilhosos, presentes e muito amor.

No ano seguinte ela me deu uma bengala.

Uma bengala.

Aquela coisa que você usa para... *andar*.

Ela explicou que era uma bengala indígena com um cabo decorado. Mas basicamente era um pedaço de pau, daqueles que você encontra durante uma caminhada no mato. Você pegaria o pedaço de pau. Usaria como apoio durante a caminhada. Depois jogaria fora, porque é a porra de um pedaço de pau! E, a propósito, não sou bem um andarilho. Não gosto muito de caminhadas. Não é uma das minhas atividades preferidas. Se tiver que, tipo, levantar a bunda para ir até o carro, eu vou. Tirando isso, não sou fã de caminhadas.

Mesmo assim, esse foi o presente de aniversário que minha esposa me deu.

Bem-vindo aos 37 anos. Tome sua bengala.

Basicamente, ela estava me dizendo para caminhar e *continuar caminhando*.

No meu aniversário de 38 anos, eu estava num restaurante chinês com uns amigos e nenhuma esposa numa tarde de domingo. Minha mulher estava ocupada demais com a tarefa de se tornar minha ex-mulher.

E mesmo assim nunca percebi os sinais. Vieram muitos, muitos sinais antes da bengala. E todos eles me escaparam. Mas as mulheres, especialmente as apaixonadas, também não estão imunes à perda de sinais. Mesmo minha ex-mulher perdeu um ou dois. Por exemplo:

Certa vez, joguei-a na frente de um veado.

Pensando agora, isso também foi um sinal.

E ela não percebeu nada!

Digo, ela percebeu que eu a estava jogando na frente de um veado, mas foi empurrada sem oferecer resistência. Ela entendeu isso. Mas ela relevou isso na época, me definindo como um "menino da cidade" assustado e pouco à vontade com a natureza selvagem — mesmo eu tendo crescido no mesmo subúrbio de Boston que ela. Estávamos em um lindo hotel. Nenhum dos dois conseguia dormir, então decidimos ir para a piscina aquecida com hidromassagem, que ficava encravada numa colina com vista para paisagens impressionantes do norte da Califórnia. Quando colocamos o pé para fora de nossa luxuosa cabana, com nossos robes macios, aveludados e atoalhados, um filhote de veado se atirou na nossa frente.

Sim, um veadinho. Não era nem um veado adulto. Um filhotinho de veado. Um Bambi.

E eu simplesmente reagi! Obviamente, não muito bem. Ao tentar me proteger daquela criatura no meio da noite instintivamente empurrei minha mulher na minha frente. Para ser justo, ela sempre gostou muito mais de natureza do que eu. E, na verdade, ela nem entrou em pânico. Bambi, por outro lado, escapuliu para as montanhas. Ao ser avisado, mais tarde, que os veados saem à noite, se assustam mais facilmente que as pessoas e que a última coisa que aquele veadinho faria seria me atacar, eu disse: "E como eu ia saber? Por acaso sou guarda-florestal?"

Aquele era um sinal.

E não apenas um sinal de que sou o último cara com quem você gostaria de acampar. Havia algo mais no meu ato, não importa o quanto tenha sido imprudente e impensado. Era sinal de uma certa verdade que assombrava nossa relação. Uma falta de disposição da minha parte, talvez, em me sacrificar por ela, em dar tudo de mim àquela relação, da forma que um homem faz quando instintivamente se joga na frente de uma bala pela mulher amada.

Ou da forma que escolhe ficar na frente de um veadinho num hotel bacana.

Ela pode não ter se importado na época, mas arquivou o sinal no fundo do seu subconsciente. Nos últimos dias do nosso casamento, me acusou na terapia de casal de eu sempre querer me colocar em primeiro lugar, mesmo que às custas dela. Quando protestei, ela gritou: *"Você me empurrou na frente de um veado!"*

Difícil ficar feliz depois dessa.

Digo isso mesmo que seja embaraçoso: ninguém está imune a deixar escapar alguns sinais. E o amor vai te confundir sempre. O amor oculta os sinais que deveríamos ver claramente e, ao mesmo tempo, destaca os sinais insignificantes que deveríamos ignorar. É uma confusão só! E qualquer um está vulnerável a isso. O desafio de qualquer relacionamento *é diferenciar os sinais*. É ver os sinais verdadeiros como eles são — e descartar o resto. Se Jenny vir um corvo no meio da rua, ela fica estressada por uma semana (Ela já terminou um noivado por causa disso!) Mas estou falando de sinais no comportamento das pessoas, no que elas fazem ou não, que devem nos dar uma pista de como agirão no futuro. Já vi muitos homens estúpidos não entenderem por que suas mulheres os largaram (inclusive eu), apesar de os sinais serem tão evidentes e fortes que os caras quase tropeçavam neles a caminho do poço. Também já vi muitas garotas malucas tentando ler a borra de uma xícara de café — levadas ao abismo por suas próprias interpretações sombrias de um ato inócuo ou até carinhoso.

Às vezes um feriado ruim é simplesmente um feriado ruim.

A menos que uma pessoa esteja jogando outra na frente de um veado.

Desde o fracasso do meu casamento, tentei melhorar minha capacidade de percepção de sinais — com vários níveis de sucesso. Num relacionamento após meu divórcio, uma mulher me disse que não se importava em não ter filhos, o que para mim não era problema, já que a minha relação com filhos não é a mesma que tenho com salgadinhos — dá para ter apenas um. Ela me disse que, na verdade, poderia até querer ter filhos; só não tinha certeza ainda. Sim, ela queria ter a opção e definitivamente estava na melhor idade para ter filhos e todas as amigas pareciam estar tendo, mas ainda assim o caminho delas não era necessariamente o caminho *dela*. Enfim, ela tinha bastante certeza de que não se importava em não ter filhos.

Mas percebi que, com bastante frequência, quando ia tomar o anticoncepcional, deixava o comprimido cair. Em algum lugar entre a mão e a boca, ele se perdia. E enquanto ela o procurava desesperada pelo chão, dizia: "Não sei por que isso sempre acontece! Acho que é porque essa pílula é pequena demais!"

Esse sinal eu percebi.

SINAIS DE UM PRIMEIRO ENCONTRO

Os sinais do comecinho de um relacionamento são aqueles em que realmente vale a pena prestar atenção. Todos os outros aparecem quando já é tarde demais. As pessoas se revelam de forma sutil num primeiro encontro — o que, em retrospecto, percebemos, nunca é tão sutil. Basta prestar atenção. Infelizmente, as pessoas quase nunca fazem isso.

Num determinado primeiro encontro que tive, a mulher jurava que havia "superado totalmente" o ex-namorado de vários anos, mas então começou a falar sobre ele durante boa parte da noite. Está aí um sinal claro. Mas eu percebi o alerta? É claro que não. Ela era linda e muito inteligente. (Tive breves provas de parte da inteligência durante os poucos e preciosos momentos em que consegui desviar o assunto do seu suposto ex.) Depois, tivemos papos ótimos "ao telefone sobre temas que não incluíam namorado", e comecei a ter esperanças. Mas, é lógico, os telefonemas pararam e, pouco tempo depois, soube que ela havia voltado para o cara. *E mesmo assim o desfecho dessa história me surpreendeu.*

Outra mulher admitiu se sentir distante no nosso primeiro encontro. Mas ela disse que as pessoas confundiam seu distanciamento com falta de interesse. E assegurou de que não era verdade. Ela se importava muito com as pessoas. Principalmente os caras com quem se relacionava. Ela me garantiu. No nosso primeiro encontro. Que foi muito bom. Mais tarde, é claro, ela perdeu totalmente o interesse em mim, e enlouqueci. Como ela pôde fazer isso? As coisas estavam indo tão bem! Alguns meses depois, ela me ligou tarde da noite pedindo desculpas por ter se "distanciado", mas me lembrou do que havia dito no primeiro encontro. Foi um conforto meia-boca. Mas foi uma espécie de conforto.

Em outro primeiro encontro, o assunto "terapia" foi levantado. E, talvez me expondo demais, contei para a mulher sobre toda a grana que gastara com análise ao longo dos anos, mas que eu não me importava, já que essencialmente terapia era um hobby para mim. Imediatamente ela disse que era contra esse lance de terapia e que achava que era coisa de gente egocêntrica. Na noite seguinte ela me ligou falando que se sentia mal por ter contestado meu único hobby e que ela, na verdade, não achava que eu fosse egocêntrico. Mas eu já havia concluído que aquele era um mau sinal.

Mas eu também já dei sinais no primeiro encontro.

No meu primeiro encontro com Jenny, aparentemente disse a ela que eu tinha uma tendência a cansar as mulheres. Não me lembro de ter dito isso, mas certamente é uma boa descrição. (Primeiro venço a resistência da mulher e, quando a ganho, esgoto sua paciência.) Sou um cara difícil, sem dúvida. Só queria que ela soubesse.

Mas depois descobri que ela já sabia.

Se todo mundo se revela, conscientemente ou não, já no comecinho, por que deixamos passar até os sinais mais claros com tanta frequência?

Porque o amor sempre vai te confundir.

Ou a *perspectiva* de amar.

Ou a perspectiva de transar.

As mulheres tendem a perder a sanidade diante de sinais de amor, enquanto homens tendem a agir de forma mais idiota que o normal diante de sinais relacionados a sexo. Qual é a novidade nisso? (Se a mais importante das duas cabeças do homem estiver satisfeita, quase todo o resto estará bom para ele. *Que sinais? Ela queria fazer isso!*) Mas a desesperada interpretação de sinais dos dois lados, mais tarde, no relacionamento, é apenas o resultado inevitável de todos os sinais perdidos que deveríamos ter percebido no começo.

O PIOR SINAL PERDIDO NUM PRIMEIRO ENCONTRO

Woody Allen disse a Mia Farrow no primeiro encontro deles: "Não tenho o menor interesse em crianças." E explicou o quanto evitava a própria irmã, a quem ele amava muito, porque não suportava ficar perto dos filhos dela. Mas mesmo assim, Mia pensou: *ele não está falando sério, na verdade*. Quem é que detesta crianças? Principalmente alguém tão inteligente e engraçado e sensível quanto Woody Allen. Aposto que ele se daria maravilhosamente bem com crianças!

Aquele era um sinal em que ela deveria ter prestado atenção.

Ele disse a uma mulher com quase seiscentos filhos que ele não tinha O MENOR interesse em crianças. Nem um pouquinho. Zero. Este era um sinal incrivelmente claro. Não há muito o que interpretar na frase "não tenho o menor interesse". Na verdade, ela tinha sete filhos na época e tinha planos de adotar outros. Será que o sinal não ficou claro o suficiente para ela? Mas o fato é que Mia não o enxergou. Ironicamente, acabou que Woody Allen tinha algum interesse em ter filhos. Como todos sabemos, ele começou a transar com Soon-Yi, uma das filhas adotivas de Mia — que tinha 22 anos na época. (Mas sejamos justos: eles já tinham uma longa história. Ele a conhecia *desde que ela tinha oito anos*.) Mais tarde, ao ser pressionado a explicar o que fizera, ele deu sua famosa declaração à revista *Times*: "O coração quer o que quer."

O que na verdade era apenas um sinal de que ele é um babaca.

PRESTAR ATENÇÃO OU NÃO:
EIS A QUESTÃO

A primeira vez em que percebi Jenny Lee, quero dizer, em que realmente reparei nela, daquele jeito que faz alguém se ajeitar na cadeira e dizer "Peraí, o que é isso?", foi quando ela estava vestindo um maiô laranja e uma camiseta laranja berrante com o Come-Come da *Vila Sésamo* estampado. Ela estava brincando na piscina com meu filho e outras crianças numa festa do pessoal do trabalho. Ela era uma belezura cor de laranja com pernas maravilhosas. Ela era o sol naquele dia. E eu não conseguia tirar os olhos dela. Ao voltar da festa, meu filho perguntou o nome da moça com quem ele estava brincando. E tudo em que eu conseguia pensar era: *Laranja... esse não é o sinal de alerta que vem antes do vermelho?*

Cerca de um mês depois, fomos almoçar juntos numa tarde de domingo. Começamos a sair escondidos, e, embora eu estivesse me apaixonando rapidamente, não estava nada claro para nenhum de nós que namorar uma pessoa com quem você trabalha, numa sala de roteiristas de televisão, fosse uma boa ideia. Havia tantas armadilhas potenciais. Quando dávamos os beijinhos de despedida no estacionamento, percebi que ela estava usando um casaco fofo laranja berrante. E com minha sensibilidade típica soltei: "Você está parecendo um cone de trânsito."

Ela era um sinal de alerta ambulante.

Por sorte, ela riu. Mas a imagem de um cone de trânsito, com seu perigo iminente logo adiante na estrada ou depois da curva, não passou despercebida a nenhum de nós.

Realmente, um cone de trânsito laranja...

Uma semana depois, ela terminou comigo.

Ela veio à minha casa num vestido roxo, sacrificando o laranja por uma cor mais saudável, e disse que devíamos acabar com tudo antes que a coisa ficasse mais séria. Era certo que acabaríamos machucados e angustiados e seria melhor diminuir os danos antes que um dos dois saísse magoado de verdade. Mas eu não estava disposto a desistir dela tão rápido. Eu disse o que acabara de perceber: "Não importa o que te deixou preocupada com o que pudesse acontecer... *Já aconteceu.*" Se você vai abrir seu coração, já é tarde demais para protegê-lo.

O lance dos sinais de alerta é o seguinte: a única coisa mais louca ou idiota do que não perceber um sinal de alerta pode ser *percebê-lo*. E aí? Esperar mais cem anos por alguém sem sinais? É melhor ser um louco apaixonado do que apenas um louco. Ou um louco solitário. Os sinais não te protegem de tudo. Sabe, é claro, se você ouvir que um cara jogou a ex--mulher na frente de um veado, isso te faz parar para pensar. Talvez um sinal vermelho pisque no seu cérebro. Mas você também pode estar perdendo um sinal que diz que aquele cara pode mudar. Porque alguém jogar uma mulher na frente de um veado uma vez não significa que ele fará isso de novo.

Nunca contei a ela o lance do veado.

Por que nunca contei?

Acho que é um sinal...

RESPOSTA DA JENNY

SE VOCÊ DER SUA NAMORADA
PARA UM FURÃO RAIVOSO...

Não vou mentir para você: fiquei meio assustada com a história do veado. Acho estranho que eu só tenha ouvido essa história agora, quase no nosso aniversário de dois anos de namoro. Bem, sou uma mulher razoavelmente sensata e entendo que é impossível saber tudo sobre o passado do outro. Mas uma coisa que deve ser levada em conta é que Howard e eu somos pessoas bem falantes — podemos até ser classificados como tagarelas —, logo posso afirmar com bastante certeza que sabemos mais um do outro que a maioria dos casais aos dois anos de namoro. Além do mais, eu pergunto tudo — as pessoas me chamam de detetive Lee. (Mentira, mas eu sempre quis um apelido que não fosse Monga, como me chamavam na sexta série.)

Definitivamente sou o tipo de namorada que quer saber cada detalhe sobre as ex, então sei que tipo de óleo de massagem nunca devo comprar porque era o que ele usava com *ela*. (Uma das primeiras mancadas idiotas de Howard foi comprar um "óleo de massagem" que ele descobrira e usara com outra garota! E quando reagi mal ele ficou dizendo: "Qual é o problema? O óleo é bom. E eu comprei um pote novo, então não estou falando para a gente usar o negócio velho que estava guardado no armário embaixo da pia." E eu dizia: "Ah, que bom que mereço um pote novo só para mim, em vez de um quase vazio todo sujo de digitais melecadas, marcas de dedões ou qualquer outra marca que possa haver no pote. Mas tudo bem. Mesmo. Sabe, eu ia comprar um novo par de algemas de chocolate para você, mas agora não preciso mais. O que eu tenho só está com algumas mordidas; sabe, o cara com quem eu estava saindo não gostava muito de chocolate ao leite, só amargo, então depois de algumas mordidas ele ficou, tipo... bom, é uma longa história, você quer mesmo saber?"

Howard, que não ficou muito feliz com meu sarcasmo, sinalizou com a mão para que eu parasse. Nem perguntou se minha história era verdade. E não era. (Por favor, você acha que eu ia usar um par de algemas de chocolate ao leite com alguém? Sem chance.)

O que estou tentando dizer é que, depois de dois anos juntos, achei que já tivéssemos acordado todos os fantasmas do nosso passado — acordado, visto e conversado com eles... Tipo, achava que já tivesse ouvido a respeito ou participado da maioria das coisas importantes. Mas pelo visto não.

Agora é sério, entendo que seja melhor ele ter jogado a ex-mulher na frente de um veado, digamos, do que de uma caminhonete em movimento, mas mesmo assim... E é claro que me sinto meio culpada fazendo uma pausa momentânea para falar sobre este incidente, pois mostra que estou caindo nas armadilhas da tradicional guerra dos sexos. Por exemplo, os homens devem ser grandes e fortes e seu papel é proteger suas mulheres. E as mulheres devem ser fracas e pequenas e seu papel é fazer o jantar para seus homens grandes e fortes. Mas, apesar de não comprar essa ideia, devo admitir que não consigo evitar imaginar o que aconteceria se, durante uma caminhada por nosso bairro, um esquilo raivoso aparecesse no nosso caminho atirando nozes. Devo presumir agora que depende de mim proteger não só a mim mesma, mas também a ele, de passarinhos irritados, rinocerontes perdidos e lobos solitários?

Gosto muito de uma coleção de livros infantis que Dustin, filho de Howard, me apresentou. O primeiro se chama *Se você der um biscoito a um rato*. (Os outros se chamam *Se você der uma panqueca a um porco* e *Se você der um bolinho a um alce*.) No começo do primeiro livro, alguém dá um biscoito a um rato. (Obviamente não é um rato de verdade, que vive dentro das paredes, transmite doenças, tem olhinhos maléficos e faria você subir numa cadeira e gritar que está sendo assassinada se ele aparecesse na cozinha. Não, este é um ratinho muito amigável e até encantador, desenhado a mão, que usa um macacão jeans — ou talvez um vistoso casaco vermelho.)

Então, no começo da história, o menino dá um biscoito ao ratinho, e aí o bicho precisa de leite, e depois precisa de um canudo... E uma coisa leva a outra, e no final o rato acaba com a casa toda. É provável que estas histórias me atraiam tanto porque acredito que uma pequena ação aparentemente inocente, como, digamos, dar um biscoito a um ratinho de livro infantil, pode levar a uma catástrofe de proporções épicas. (E deixe-me dizer que eu poderia ter avisado que dar um bolinho a um alce seria uma péssima ideia. O alce é um animal enorme e não tem a capacidade de tirar um bolinho da embalagem com seu casco imenso. E um alce frustrado significa problemas. Mas, tudo bem, estou viajando...)

Então, armada com a nova informação sobre o passado de Howard, começo a imaginar as consequências nefastas caso um incidente similar aconteça com a gente. Na minha cabeça, imagino eu e Howard fazendo um passeio noturno —

e vamos imaginar que estamos em outra cidade, porque normalmente, quando nós passeamos, pelo bairro estamos com nosso cachorrinho de cinquenta quilos, Doozy, que sem dúvida espantaria qualquer espécie de vida selvagem que cruzasse nosso caminho. Então estamos andando, por exemplo, em Nova York, o que faz todo sentido, já que costumamos ir para lá uma ou duas vezes por ano. Acabamos de comer uma refeição deliciosa em um bistrozinho excelente em West Village e estamos caminhando de mãos dadas numa noite fresca de outubro. De repente, ouvimos um barulho alto, e a lixeira da esquina vira, a um metro e meio de distância, e um furão grande e gordo sai ali de dentro e cai na calçada — de cara no chão. Envergonhado e furioso, dá um salto de um metro e joga na gente os restos de uma quiche.

Howard, que está mais próximo do furão e ainda segura minha mão, me joga na sua frente e à esquerda, de forma a esconder-se atrás de mim, e eu ficar cara a cara com o roedor mal-encarado. O furão diz: "E aí, colega, qual foi? Você acabou de jogar sua namorada pra cima de mim? Você está me dando ela?" Olho para o furão e depois para Howard, que está com uma expressão que não consigo identificar, e como meu namorado não responde dou de ombros e digo: "Acho que sim." E o furão diz: "Ótimo, você acha que dá para chamar um táxi e me levar ao veterinário? Não estou me sentindo nada bem. Estou com uma puta dor de cabeça." E eu digo "Claro", e vamos embora, deixando Howard sozinho na calçada.

A história continuaria então com Howard indo para o fundo do poço, até se tornar um mendigo morando numa geladeira no parque, tudo isso porque ele me jogou para cima de um furão como se eu fosse um pedaço usado de papel.

Quando explico o cenário a Howard, ele me diz que essa não é só a história mais boba que já ouviu, mas também que estou errada. Ele diz que mudou. Explica que acredita que sua ex-mulher não percebeu o sinal quando ele a jogou na frente do veado. No meu caso, ele tem certeza de que isso nunca teria acontecido. E disse que de forma alguma ele me usaria como escudo contra um furão, já que ele nunca teve medo desse animal.

Digo a ele que tamanho não é documento quando o assunto é um furão raivoso e que aquelas pequenas criaturas eram um horror para se capturar.

Digo a ele que só quero entender o que exatamente se passa na cabeça dele. Agora era apenas uma situação hipotética? Era para ser como uma daquelas perguntas do tipo "Se uma árvore cair na floresta...", só que agora era "Se um veadinho estiver saltitando pelo bosque..."? Ou será que ele acha que não aconteceria de novo porque já aconteceu antes e agora ele sabe como é um veadinho e tem certeza de que encararia se o Bambi quisesse sair na porrada?

Ou ele acha que não aconteceria agora porque temos uma relação diferente da que ele tinha com a ex? *Se é isso, ele poderia fazer o favor de me dizer o que é tão diferente no nosso relacionamento que o faz ter certeza de que não me jogaria pra cima de um urso panda se cruzássemos com um?*

Howard diz que não faz a menor ideia do que estou falando. Ele sempre fica frustrado com as especulações do tipo "e se" que lanço constantemente. Afirma saber que aquilo não aconteceria de novo. Então peço a ele para deixar claro: aquilo não aconteceria de novo com ele *independentemente da garota com quem estivesse*? Ou não aconteceria de novo especificamente por minha causa? É diferente, sabe. Ele ignora minha última pergunta e chega ao ponto de prometer que não me jogaria para nenhuma criatura da floresta — e me lembro dos tempos de criança, quando você pede: "Por favor, 31 sabores de sorvete com uma cereja em cima." E pedem para você falar quais são os 31 sabores porque faz parte do negócio. Então peço para ele dizer os nomes dos animais na frente dos quais não me jogaria, e ele heroicamente cita alguns — zebra, antílope, coelho, pinguim —, mas para no meio porque percebe que é um pedido imbecil da minha parte.

Mesmo depois de nomear esses animais, não consigo evitar perguntar mais uma vez como ele pode ter certeza. Acho que sente que minha ansiedade está vindo de algum lugar que não consigo localizar, como uma goteira no teto sobre minha cabeça que pode vir de vários canos.

Ele diz que me ama, e é por isso que tem certeza.

E é isso. Eu me sinto melhor. Acho que ele está certo quando diz que as mulheres estão sempre procurando sinais, mas isso é porque temos um interesse natural no futuro da relação. Sempre que você começa a sair com um cara, a grande pergunta que se faz é: "Onde será que isso vai dar?" Você se pergunta isso ao conhecer um cara. Será que chegaremos a ter um primeiro encontro? No primeiro encontro você já está se perguntando se ele te dará um beijo de despedida ou mesmo se haverá um segundo encontro. Você se pergunta se vai chegar a transar com o cara. Você se pergunta quando ele vai contar aos amigos sobre você e quando vocês vão entrar no assunto da exclusividade. Parece que as mulheres não conseguem evitar se perguntar o que vem pela frente.

Talvez, já que as expectativas das mulheres em relação a amor e romantismo são mais altas que as dos homens, sabemos que há maiores chances de decepção, então procuramos sinais para nos acalmarmos. Talvez as mulheres saibam que relacionamentos não têm planejamento ou manual e que às vezes as coisas saem dos trilhos. E se você não tiver certeza do que está rolando no relacionamento, já que não sabe o que o cara sente por você, então que alternativa tem a não ser ler sinais? (A mãe dele está por aqui e ele quer que você a conheça — bom sinal. Ele bebe demais nas festas e dá em cima das suas amigas — péssimo sinal.)

Talvez se os homens comunicassem seus sentimentos de forma mais clara, as mulheres não precisassem recorrer a seus próprios sistemas para tentar entender o que está acontecendo.

Grande coisa: meu namorado jogou a ex-mulher na frente de um veado.

Mas agora ele está comigo, e todo relacionamento é diferente, graças a Deus. As pessoas (sim, até os homens) aprendem e crescem e ganham consciência de si mesmas por meio de seus erros (espera-se), e só porque ele cometeu uma gafe imensa com alguma mulher no passado não significa que isso vá acontecer comigo. (Mas se as duas últimas namoradas do seu homem desapareceram sob circunstâncias suspeitas, então é melhor você agir com cuidado.)

Howard jogou a ex-mulher na frente de um veado. Tá, e daí?

O sinal, por mais que pareça grande e luminoso, não está exatamente no lado da estrada que eu e Howard percorremos juntos. Sei que tenho que deixar esse episódio para lá e simplesmente acreditar que ele tem a intenção de me proteger de qualquer coisa à espreita lá fora. Ele é ótimo em matar insetos e é sempre atencioso em catar as moscas que eu matei, e tenho certeza de que isso é um bom sinal. Bom. Pronto. Ótimo. Ufa.

Imagino a assistente de Howard, Heather, num encontro dos Assistentes de Hollywood Anônimos, um dia. Ela conta sua história: "Olá, eu sou a Heather. A namorada do meu chefe me pediu para arranjar um veado vivo e soltá-lo no caminho deles numa noite escura para ver o que ele faria. Sabe, ele jogou a ex-mulher na frente de um veado e disse que deveria ter percebido que aquilo era um sinal de que o relacionamento não ia bem, então sua nova namorada quer testar o quanto ele está comprometido com ela. Fico feliz em dizer que ele não a jogou na frente do veado e tudo está em paz na casa! Mas se vocês virem um veado perdido andando por Santa Monica seria ótimo se me ligassem. O número está no panfleto na mesa preta, perto dos biscoitos. Sabem, só aluguei o veado por uma semana..."

7

UMA MULHER CONTRADITÓRIA...

... UM HOMEM CONFUSO

Noite passada, estava na cama e abracei Jenny Lee. Vou contar o que ela disse, na sua forma tagarela habitual.

— Acho que emagreci, não acha? Não diga nada. Emagreci?

— Hmmm... eu preciso responder isso?

— Sim. Não. Sim.

Naquele momento, só o que eu conseguia demonstrar era meu ar irritado e esgotado de costume.

— Você tem que responder — explicou ela —, mas não com muito entusiasmo. Se você disser "É, você emagreceu mesmo! Com certeza!", todo feliz, é a mesma coisa que dizer: "Você *era* uma vaca gorda." Então você tem que responder num tom monótono e entediado, com um olhar sem expressão.

Falei como um robô.

— Você. Emagreceu. Mesmo.

— Nossa, isso foi horrível — disse ela.

— Você disse para falar em tom monótono!

— Mas você não podia dizer: "Você emagreceu mesmo."

— Mas você me disse para falar que você emagreceu!

— Você tinha que dizer: "Você está linda, querida." Só isso, e bola pra frente.

— Você está linda, querida! — eu disse apenas isso, com a esperança de seguir em frente.

Ela balançou a cabeça, desaprovando.

— Horrível. Simplesmente horrível.

Trago esse exemplo para mostrar o quanto é difícil conversar com uma mulher, porque você não está apenas conversando com ela. Está conversando também com todas as suas contradições. *Sim. Não. Sim.* Isso faz do "ser ou não ser" um exemplo de estabilidade. Na verdade, o "sim, não, sim" resume a grande luta de um homem que já amou uma mulher. É preciso compreender o significado das pequenas e atormentadas afirmações antes mesmo de tentar se relacionar com uma mulher em qualquer nível. "Sim. Não. Sim." Então o que isso significa de verdade? Significa: você está ferrado. Não está. Está.

Porque para cima é para baixo e para baixo é para cima. Muitas vezes ao mesmo tempo.

Certa noite, em um novo restaurante badalado, eu estava devorando uma suculenta costeleta de porco de fim de noite quando Jenny anunciou que não gostava de Las Vegas. O que não era nenhum problema para mim — só era um pouco chato para ela porque nós estávamos em Las Vegas. Mas aceitei seus sentimentos, porque, ora, nem todo mundo gosta de Las Vegas, e ela me ensinara o valor de aceitar os sentimentos dos outros, e eu tinha uma costeleta de porco com o qual me me deliciar.

Mas então ela disse que *eu* também não estava me divertindo.

Fiquei olhando para ela durante um tempo. Porque eu tinha a clara impressão de que *estava* me divertindo. E disse isso a ela. Então ela me informou, sem sombra de dúvida, que eu *não* estava me divertindo e que se eu achava que estava então estava mentindo para mim mesmo. Aparentemente, era inconcebível que eu estivesse me divertindo se ela não estava. "Isso não faz sentido", disse ela. Isto, partindo da pessoa que nos deu o "sim, não, sim". Bem, uma coisa era certa: eu não estava mais me divertindo.

Mas esse não foi o pior momento em Las Vegas que eu queria ter esquecido. Na manhã seguinte, os dois acordamos deprimidos. Ela estava em seu segundo dia de depressão, e aparentemente eu também, apesar de eu ainda achar que era meu primeiro dia. Mas, para salvar aquela manhã desastrosa, perguntei o que ela gostaria de fazer naquele dia. E, sinceramente, a única coisa que me importava era que ela se divertisse. Eu até iria feliz a uma exposição de orquídeas se fosse seu desejo. Então eu disse, alegremente:

— Faço o que você quiser.

E ela respondeu:

— *Não é isso o que eu quero!*

Revisando: Eu me ofereço para fazer *qualquer coisa* que ela queira e ela diz: "Não é isso o que eu quero!" Como *"qualquer coisa que você quiser"* pode não ser o que ela quer? Por definição, É O QUE ELA QUER! Como isso pode não ser aceitável?

É porque ela é mulher.

O que nos traz ao dia de hoje: é uma linda tarde de domingo, meu filho foi brincar com seu amiguinho Kevin, que conhece desde que nasceu; e Jenny e eu havíamos combinado ontem que hoje trabalharíamos um pouco neste livro — apesar do nosso desejo de ver Angelina Jolie distribuindo porradas em câmera lenta. Mas, quando subo para avisá-la que estou indo escrever no escritório, encontro-a vendo os horários dos cinemas na internet, e ela sugere que vejamos um filme. Digo a ela que precisamos trabalhar. Então ela me acusa de não pensar nela porque sempre é a minha vontade que prevalece. Mas lembro *perfeitamente* a nossa conversa no dia anterior, quando na verdade foi ela quem concluiu que *a gente se sentiria mal se não trabalhasse*. Então repito suas palavras com exatidão:

— A gente vai se sentir culpado se não trabalhar.

Mas agora ela suspira. Sei que estou perdido quando ela suspira.

— Quando você diz "a gente vai se sentir culpado", está querendo dizer que *você* vai se sentir culpado.

— Só estou dizendo o que você me falou ontem!

— Mas quando eu disse "a gente" queria dizer "você" — explica ela.

— Como você pode se referir a *mim* usando a expressão "a gente"?

— Porque quando eu disse "a gente" quis dizer "você", mas quando você disse "a gente" *só* quis dizer você.

— Isso é ridículo! Mesmo se fosse verdade o meu plano diabólico para fazer tudo do meu jeito quando uso "a gente" toda vez que quero me referir a "mim" *foi você quem falou primeiro*.

— Porque eu estava cuidando de você — diz ela. — Porque eu me importo com o que *você* quer.

— Então você muda o significado das palavras?!

— Sim. Porque eu te amo.

Revisando: Eu deveria saber que, por me amar, ela muda os pronomes para me fazer sentir menos solitário e dar voz aos meus interesses egoístas. E, como ela faz isso por mim, eu deveria saber que não deveria usar aquelas mesmas palavras para fazer uma observação. Porque aquelas não foram de fato as palavras que ela usou. Na verdade, foram as que eu usei. Mesmo que eu não soubesse que eram minhas palavras e que não as tenha usado.

AINDA ESTÁ CONFUSO?

POR QUE A MULHER NÃO PODE SER MAIS PARECIDA COM O HOMEM?

No filme *Minha bela dama*, Rex Harrison fez esta mesma pergunta com aquele seu jeito de cantar meio declamado. Mas o que Rex realmente estava perguntando era: "Por que a mulher não pode ser previsível como o homem?" Faz parte da natureza da mulher ser imprevisível. É um grande problema para os homens. Sim, o homem pode confiar em várias coisas vindas das mulheres. Mas mesmo as coisas em que se pode confiar não se pode confiar. Os homens, por outro lado, são previsíveis até demais. Mas a previsibilidade tem suas vantagens — mesmo que nem sempre tenha charme — porque as mulheres podem aprender facilmente sobre nós observando nossos comportamentos repetitivos. Nós não temos essa vantagem em relação a elas! Elas são coringas. Com as mulheres as coisas sempre são, como se diz, "como se fosse a primeira vez". O que mantém as coisas renovadas, claro, mas também é como lidar com uma pessoa que tem a doença de Alzheimer. Não importa o que aconteceu antes. Nem mesmo o que aconteceu um minuto antes! Uma mulher pode trocar a marcha e mudar completamente de personalidade em questão de segundos. Você pode ir colocar o lixo na porta e quando voltar encontrar uma mulher completamente diferente daquela que estava em casa! Os homens são os mesmos dia após dia — talvez seja chato, até mesmo monótono, de uma uniformidade embotadora. Mas há uma chave que abre nossa porta, e vivemos dando várias cópias delas para as mulheres guardarem de reserva.

Talvez as mulheres sejam mais complexas emocionalmente — o que todas elas parecem achar bom. (Eu tenho minhas dúvidas.) E elas têm mais facilidade em se relacionar, pois possuem a capacidade natural de enxergar dois lados de qualquer situação. (Mesmo quando só existe um.) Mas o abismo entre o que *está acontecendo* agora e o que *aconteceu* cinco minutos atrás, entre o que foi dito e o que significava e entre o que parecia ter sido um acordo que depois foi silenciosamente rescindido, muitas vezes parece fundo demais para ser superado. Como homem, sempre me pergunto: *como elas querem que a gente saiba o que é essencialmente impossível saber?*

E ainda assim elas querem.

É POSSÍVEL CONHECER AS MULHERES?

Eu poderia terminar este capítulo aqui.

Poderia dizer: "Ah, é assim e pronto", e deixar Jenny e todas as outras mulheres do mundo escreverem seus próprios capítulos sobre como poderíamos compreendê-las se prestássemos só um pouquinho mais de atenção. *Mas eu não vou dar esse gostinho a elas.* Não serei mais um homem confuso. Colocarei à prova — ou à desaprovação, como pode ser o caso — essa noção romântica compartilhada pelas mulheres imprevisíveis de todo o mundo de que *se você realmente se esforçar em prestar atenção* vai ver que todas as mulheres são fáceis de conhecer, mesmo que apenas por um instante. No filme *O último dos moicanos*, Daniel Day-Lewis grita para Madeleine Stowe: "Eu vou te encontrar! Não importa o que aconteça!" E agora grito para minha mulher: "Eu vou tentar te encontrar! Mas o que vai acontecer?!" Nossa. Só que essa frase não teve tanto impacto quanto a do Day-Lewis.

PEÔNIAS REAIS NO C*

As mulheres gostam de flores, certo? É um conceito básico com o qual todos concordamos. Não é muito comum ouvir uma mulher que ganhou flores dizer: "Tire essas coisinhas bonitinhas e cheirosas de perto de mim!" A não ser que ela seja mortalmente alérgica. Então se, digamos, um homem parou no caminho de casa e comprou flores para sua mulher não alérgica por nenhuma outra razão além de seu amor por ela, seria uma coisa boa, certo?

Bom, é melhor não tirar conclusões precipitadas.

As flores favoritas de Jenny são peônias reais. A época dessas flores é muito curta — e nunca é perto do dia dos namorados, portanto, lembre-se disso se estiver com uma garota que gosta de peônias reais.

Alguns jogos dos Celtics atrás (é assim que meço o tempo durante os campeonatos de basquete), Jenny disse em uma voz alta e chorosa que se tornou uma de suas preferidas:

— Eu quero peônias reais! A época delas é curta! E você perdeu ano passado e eu quero muito essas flores!

Devidamente anotado.

Agora, é claro que não dava para levar as peônias no dia seguinte. Porque eu seria acusado de só comprá-las porque ela me pediu. E isso não é romântico. Está errado. Ela queria que eu pensasse espontaneamente no meu amor por ela — e no amor dela por peônias reais — e pulasse da minha cadeira, onde quer que eu estivesse sentado, e comprasse aquelas peônias porque peônias reais a agradam tanto. E só para o caso de eu precisar de ajuda para ser espontâneo, ela fez questão de me dizer que o tempo das peônias reais estava acabando.

Ah, e mais uma coisinha: Jenny não gosta de "flores de desculpas". Não que sejam um tipo de planta, são flores que alguém (geralmente eu) dá depois de fazer alguma besteira, para se desculpar. Ela me disse que "flores de desculpas" não valem. Ela as aceita e em alguns casos até gosta, mas certamente não contam como flores que uma mulher ganha de um cara. Então era importante que eu fosse tomado por esse desejo espontâneo de lhe dar flores na época das peônias reais, e não quando ela me mandasse dormir no sofá.

Aqui está a loucura: eu consegui! Era outra tarde de domingo, quatro ou cinco dias depois do comentário sobre as peônias. Eu estava no computador e pensei espontaneamente: *Jenny é ótima! Eu tenho assistido a muito basquete ultimamente e ela tem dado todo o apoio. Na verdade, hoje à noite alguns amigos vêm aqui em casa para ver outro jogo, e enquanto estou aqui trabalhando ela está pedindo pizza para nós. Ela é fantástica!*

Foi assim que me lembrei das peônias.

E pensei: *Meu Deus! Estou tendo um daqueles momentos! Aqueles momentos espontâneos sobre os quais falamos. Aqueles momentos que caras "românticos" têm, e, acima de tudo, transformam em ação! Estou pensando no meu amor por ela, estou pensando em peônias, então só há uma coisa a fazer: comprar peônias para minha mulher!* Desliguei o computador. Corri para o carro. Fui direto à floricultura chique de San Vicente que visitei no Dia dos Namorados. Fechada aos domingos. Isso só me deixou mais determinado! Fui a uma floricultura em Montana. Nada de peônias. Agora estava começando a ficar tarde... Os caras chegariam em meia hora, e era o primeiro jogo do Boston Celtics contra o Los Angeles Lakers pelas finais da NBA. E o que eu fiz? Fui a outra loja! Isso mesmo, foi o que eu fiz! E por que corri o risco de perder o primeiro lance? Porque ela minha mulher. (Não, não é um erro de digitação; quis dizer "ela minha mulher" para mostrar quão profundo, visceral e puramente selvagem é o que sinto por ela.) E aqui está outro motivo para eu não desistir: no panteão de coisas idiotas que homens dizem para as mulheres, "eu tinha pensado em te dar flores" ocupa posição de destaque. Eu não queria ser *esse* tipo de cara. Não que nunca tenha sido. Num esforço lamentável de receber crédito por uma tarefa bem-intencionada, mas não cumprida, alguém diz: "Eu tinha pensado em te dar flores" — que é o primo de "eu não sabia que você queria que eu levasse o lixo para fora". Que só perde, no mundo da estupidez, para "eu não sabia que você queria um orgasmo".

A consciência de tudo isso me levou rapidamente a outra floricultura. E adivinha? Essa tinha peônias! Fui para casa e dei as flores a ela. Seu coração derreteu! Nosso amor se elevou a outro nível! E demos uma rapidinha antes que os caras chegassem!

NÃO, NADA DISSO ACONTECEU.

O que aconteceu, na verdade, foi o seguinte: o florista tinha apenas duas peônias. *Quem diria que a porra da peônia era tão popular?* Uma estava totalmente aberta, a outra, fechadinha, com previsão de abrir na terça ou na quarta. *Tudo bem,* pensei, *ainda tenho duas peônias* — umas delas está fechada, mas mesmo assim... é alguma coisa. E eu estava em pleno momento de espontaneidade. Se houvesse setenta peônias, eu as teria comprado. Preço não era obstáculo para o meu amor. Mas só havia duas. (Bem, uma e meia.) Então, eu deveria esperar outro dia? E ser aquele cara que estava *pensando* em dar flores? Tudo bem, não era exatamente aquilo que eu planejara, mas mesmo assim paguei para ver e comprei as flores. Já era a terceira floricultura a que eu ia e o jogo já devia ter começado havia uns dez minutos. Então comprei as peônias, juntei com outras flores e montei um vasinho para ela. (Depois ela disse que era um vaso de "botões", mas achei essa observação depreciativa.) Então a vendedora montou o vaso, e eu preenchi o cartãozinho. Escrevi: "Isto é só o começo." E era isso mesmo. Por enquanto havia duas peônias, as primeiras de muitas outras. "Isto é só o começo." Mas as duas — tudo bem, uma e meia — eram para mostrar que eu realmente tivera o momento "espontâneo" e tomei uma atitude.

Pensei que ela ficaria superfeliz. Tudo bem, talvez não superfeliz, mas pelo menos *feliz.* Tipo, era só um aperitivo do romantismo que viria. "Isto é só o começo", escrevi, com as melhores intenções em relação ao nosso futuro. É só o começo das peônias. É só o nosso começo. Quando dei as flores a Jenny, ela perguntou: "Por que as flores? Por que agora?" Disse para ler o cartão, no qual eu também havia escrito: "Porque rosas te deixam tão feliz."

Infelizmente, peônias não são rosas — apesar de eu defender que são da família das rosas. (Elas parecem rosas cor-de-rosa!) E a frase "rosas te deixam tão feliz" é de algum musical a que assisti. De uma música romântica! Tudo bem, eu confundi o *tipo* de flor no cartão na tentativa de ser poético e roubei a letra da música de outra pessoa; mas mesmo assim ela deveria ter gostado, certo?

Não. Ela não gostou.

É claro que, na hora, antes de os caras chegarem, ela abriu um sorriso doce. E nossos olhares se encontraram, mas eu não via olhos convidativos. Encontrara olhos meio confusos, levemente irritados, e não por causa de alguma alergia. Mas na hora ela parecia estar bem e satisfeita, se não feliz com a surpresa. Foi só na noite seguinte que meus sólidos esforços românticos se viraram contra mim.

Ela começou a chorar por causa das flores.

Por que eu não comprara mais? Estava sendo mão de vaca? Era preguiçoso? Uma das flores do vaso de "botões" nem estava aberta... Lembrei o que estava escrito no cartão. Ela disse: *"A parte das rosas?"* Não! A outra parte, lembrei, onde eu escrevera "Isso é só o começo". Ela não entendeu que mais flores estavam por vir. Mas o que ela deveria pensar, dado meu passado falho no quesito flores? *Ano passado você perdeu a época das peônias!*

Ai, meu Deus.

(Tudo bem, eu não queria estragar tudo, mas ano passado, quando finalmente consegui ir à floricultura, a época daquelas rosas falsas já havia passado!)

Então agora ela está chateada por causa das porcarias das peoniazinhas. Eu estou chateado porque ela está chateada por causa das porcarias das peoniazinhas.

Revisando: Flores, esforço, expressar meu amor espontaneamente dando algo de que ela gosta.

Resultado: Lágrimas. Reclamações de que eu não a conheço. E acusações de ser mão de vaca.

E O ESFORÇO, MULHER? E O AMOR QUE OBVIAMENTE ESTAVA CORRENDO NAS MINHAS VEIAS QUANDO COMPREI AS FLORES? E O FATO DE EU TER IDO A TRÊS LOJAS DIFERENTES? AI, MEU DEUS, AGORA VOCÊ FICA CHATEADA PORQUE TE DEI FLORES? JESUS, O QUE AS MULHERES QUEREM, AFINAL?

Eu não conseguia acreditar que meu gesto grandioso pudesse ter causado tanta infelicidade.

Então ela se sentiu culpada por se sentir chateada, mas não conseguiu superar seu sentimento ruim inicial. Nossa casa foi tomada por confusão e angústia nos dias seguintes. Eu queria ver seu lado da história. Queria entender. Mas não conseguia. A única coisa de que eu tinha certeza no nosso relacionamento era que, se eu entrasse pela porta e inesperadamente lhe presenteasse com peônias, ela ficaria superfeliz. Mas isso não aconteceu. E eu não sabia o que fazer. Me senti um fracassado. Mas também achei que ela fora ingrata. Acima de tudo, senti que nunca iria entendê-la. Então, alguns dias depois, ela disse algo aparentemente inócuo, e tudo começou a se encaixar...

MOLES COM A BOLA

— Eles são muito moles com a bola — disse ela.

— O quê? — Olhei por cima do jornal, confuso.

— Eles são muito moles com a bola. Os Lakers. Esse é o problema de jogadores como Gasol e Odom. Garnet e Perkins são mais fortes e raçudos e estão metendo o pau neles, porque esses caras não têm tanto preparo físico. Os Lakers são moles com a bola.

De início, achei que eu tivesse morrido e ido para alguma espécie louca de paraíso esportivo. Mas aí me dei conta de que ainda estava na Terra e Jenny estava lendo no caderno esportivo do *Los Angeles Times* uma reportagem sobre o jogo de basquete a que tínhamos assistido na noite anterior.

Isso mesmo. Ela estava lendo o caderno esportivo.

Esta é uma mulher que, quando chega o *New York Times*, vai direto para o caderno de moda. Ela lê as revistas *US Weekly*, *Elle* e *Vogue*, mas nunca deu sequer uma olhada nas minhas revistas de esportes, como a *Sports Illustrated* e a *ESPN Magazine*. (Na verdade eu nunca li esta última, mas ela chegou um dia aqui em casa e continua chegando até hoje.) Então, Jenny não tem absolutamente nenhum conhecimento esportivo prévio — ou interesse nisso — e agora está me dizendo que os Lakers gostam de lançar de fora do garrafão e que o esquema de ataque de Phil Jackson pode estar finalmente derrubando o time adversário. E seguimos para uma espécie de análise de mesa de bar do jogo.

Jenny assistira comigo a partida na noite anterior e, verdade seja dita, me deu uma bronca quando desliguei a TV. Os Celtics (meu time) estavam perdendo por 26 pontos, e eu estava angustiado. Achei que ela fosse ficar felicíssima por eu desistir daquele jogo em especial. Mas aquela não era a Jenny que eu às vezes conheço. Ela me acusou de não ser um torcedor de verdade — e expliquei que sou realista e fui fazer outras coisas. Alguns minutos depois ela ligou novamente a TV no jogo e eu rosnei: "Você pode desligar, por favor?" Mas ela queria assistir. Então meu filho desceu, e eu tive que explicar a ele que o Celtics, agora perdendo por vinte pontos no terceiro quarto, não tinha chance alguma de ganhar. Ele disse que meu time venceria, sentou-se ao lado de Jenny e voltamos a assistir o jogo.

E aí aconteceu a maior virada da história do basquete.

E foi Jenny quem ligara de novo a TV. E foi meu filho que insistiu que iríamos ganhar — eu atribuíra isso à ingenuidade infantil. Ele não podia estar certo, não é? E ela não podia dizer que um verdadeiro torcedor tem que assistir ao jogo até o final, não importa o placar. Mas os dois estavam certos. No entanto, o que explicaria Jenny estar lendo o caderno de esportes e me dizendo que os Lakers eram moles com a bola?

Jenny se envolve no que quer que eu esteja interessado.

Ela se empolga quando eu me empolgo — ou pelo menos tenta com afinco. Vai fundo. Não se segura. Assistiu comigo a todos os jogos do campeonato de futebol e nas finais estava lá para me dar força durante o massacre sofrido pelo meu time, os Patriots. (Ela até comprou um pote de balas no formato de um capacete dos Patriots.) Se vai passar um jogo importante para mim — e tem passado vários ultimamente — ela é a primeira a pedir pizza.

O que nos traz de volta às peônias.

Sim, as peônias.

E não é um salto tão grande.

Se uma mulher diz a um homem que gosta de peônias, então ele deve descobrir tudo sobre essas flores. Deve descobrir onde elas nascem. De onde elas vêm. Quais são suas cores. De onde veio seu nome. Onde há as melhores peônias. Qual é a época do ano ideal para comprá-las. Deve ter seu próprio fornecedor de peônias. Deve encher a mulher de peônias sempre que puder. De muitas peônias. O que ele provavelmente não deve fazer é lhe dar uma peônia e meia e escrever um cartão com uma mensagem incompreensível e uma vaga promessa de mais. E o que ele realmente não deve fazer é dizer que é difícil saber o que ela quer, quando na verdade foi ela quem disse tudo o que ele deve saber.

Nós, homens, sempre achamos que as mulheres querem que leiamos suas mentes. E elas querem. Geralmente depois de terem nos contado tudo o que precisamos saber umas cinquenta vezes até o momento em que devemos magicamente "ler suas mentes". Sim, as mulheres são complicadas. Com certeza. São como a memória em si, feitas de um material intrincado e nada confiável. São uma história que sempre muda, dependendo de quem conta. São a espécie mais imprevisível do planeta. É preciso conhecer não apenas *ela*, mas quem ela é *agora*. Não quem ela era quando vocês se encontraram pela primeira vez, ou até, no caso, quem ela era *cinco minutos atrás*.

Se todo esse lance de conhecer parece cansativo, é porque realmente é! Em última análise, é uma escolha de cada homem o quanto da vasta paisagem da mente e do corpo feminino ele explorará. Mas é como a professora da terceira série ensinou: "O que você recebe é diretamente proporcional ao que você dá."

Mas naqueles momentos negros de frustração, medo e até raiva — quando a distância entre o coração e a cabeça dela parece enorme — todas as estradas que pareciam abertas se tornam becos sem saída. Quando você segue rumo à verdadeira essência dela e tudo o que você vê é um nada, quando parece não haver meio de chegar lá, tente um caminho diferente.

Aqui vai a dica: elas são moles com a bol... — opa, de coração.

RESPOSTA DA JENNY

BEM ME QUER OU MAL ME QUER? COMO VOU SABER SEM FLORES PARA ME RESPONDER?

Quando li o último capítulo de Howard (o meu favorito), achei incrivelmente emocionante e fiquei impressionada com seu progresso não apenas como namorado, mas também como ser humano. Como mulher, às vezes me acho muito cética em relação à capacidade masculina de aprender coisas novas. Se o negócio das peônias tivesse acontecido seis meses antes, tudo teria sido diferente — vozes exaltadas e lágrimas, mágoas e sair pisando duro (Howard também poderia ter ficado chateado). Há uma razão para todos os furacões receberem nomes de mulheres, mas dessa vez o furacão diminuíra para uma tempestade tropical ou mesmo uma leve garoa seguida de um arco-íris. Howard dedicou um tempo para entender o que estava acontecendo e consertou o que estava errado. O segundo buquê de peônias que ele me deu foi maravilhoso. Sua conquista merecia ser aplaudida de pé. Ele merecia reverências. Trouxe esperança à nação.

Depois disso, quatro meses se passaram e nada.

Era como se ele fosse Júlio César, que, depois de ter conquistado Roma e batizado a Caesar Salad, simplesmente tocou a vida como se nada tivesse acontecido. Acredite: definitivamente houve vezes em que eu merecia ter recebido mais algumas flores nos meses que se seguiram, mas decidi esperar. Enquanto esperava, perguntava-me se estava me achando demais por querer flores regularmente, mas concluí que não era pedir muito. Não é que eu esperasse que ele lesse minha mente, nada disso. Durante todo o episódio das peônias eu alertei-o que ficaria muito feliz se ganhasse flores com mais frequência, e simplesmente presumi que depois de seu triunfo "peônico" entraríamos numa nova era de flores e romantismo.

Mas eu estava errada.

Perguntei-me se ele achava que havia se livrado daquilo só porque a época das peônias durava apenas alguns meses. Quando será que ele me perguntaria qual era minha segunda flor preferida? O que percebi era que ele estava se apoiando na glória passada, como uma criança correndo de bicicleta ladeira abaixo, de olhos fechados — uhuuu!

Para ser justa, não quero pintar Howard como o vilão quando o assunto são flores, pois não é uma questão de ser bom ou mau, ou mesmo certo ou errado. Como tem sido uma questão desde o início da nossa relação, isso entrou mesmo para o domínio da estupidez *versus* loucura. Mas sei que tenho culpa no cartório e estou pronta para admitir que sou maluca quando o assunto são flores. Darei um passo à frente e admitirei que tenho uma "bagagem floral". Não estou dizendo que tenho sacolas com estampas florais ou que carrego bolsas com flores, mas que tenho uma bagagem emocional quando o assunto são flores, especialmente flores que ainda não recebi.

Suponhamos que, se eu tivesse que traçar a origem da minha angústia floral, eu me deparasse com aquela época tradicional no ensino médio em que você podia dar cravos de um dólar para seus colegas — branco e rosa significando amizade e vermelhos significando amor. Durante todo o dia, garotas animadas apareciam nas portas das salas de aula chamando os alunos, e tudo o que eu podia fazer era tentar não ficar me contorcendo na cadeira. Gastava toda minha energia fingindo não estar nem aí, olhando para baixo, para a mesa, evitando fazer contato visual por medo de que meus verdadeiros sentimentos ficassem dolorosamente evidentes. (Os verdadeiros sentimentos eram que eu basicamente estava de joelhos rezando para os deuses do ensino médio, pedindo por favor para meu nome ser chamado.)

Não se preocupe, não precisa se preparar para a grande história dramática sobre eu nunca ter recebido um cravo sequer ou sobre como recebi um que no fim das contas era do meu pai. É bem verdade que recebi alguns cravinhos naqueles dias, mas nunca fui a garota que recebia quatro ou cinco na mesma ocasião, para que no fim do dia tivesse que pedir ajuda às amigas menos sortudas para carregar aquela montanha de flores, como uma rainha que precisa de ajuda com a cauda de seu vestido.

Meu namorado da época do colégio, Bryan, pode ter sido inadvertidamente um pouco culpado pela tara por flores que veio à tona mais tarde. Bryan era o perfeito namorado de colégio, muito intenso e cheio daquele charme caipira do sul. Escrevia bilhetinhos apaixonados, carregava meus livros (eu vivia no sul dos Estados Unidos, lá ainda se fazia isso nos anos 1980), me deixava usar seu anel de formando e no dia 13 de fevereiro, me deu 13 rosas vermelhas.

Quando me chamavam à sala do diretor, eu nunca ficava muito preocupada. No colégio eu sempre tirava notas altas; então, quando isso acontecia, era porque alguém tinha morrido ou porque eu tinha ganhado flores. Naquele dia eu ganhei flores. Era um clássico buquê de rosas vermelhas com cabos longos entremeadas por aquelas florezinhas brancas (que eu prontamente comecei a catar e a jogar fora — mesmo naquela época eu não gostava de encheção de linguiça). Era volumoso e estava numa vaso verde feioso, mas não me importei. Não há sensação melhor do que ser uma adolescente andando pelos corredores da escola com um enorme buquê de flores. O almoço no refeitório era mais mágico do que nunca quando você estava sentada com suas amigas com um enorme buquê de rosas vermelhas ao seu lado. Era como um farol indicando que ali estava sentada uma garota muito especial e muito amada.

Agora, provavelmente você deve estar pensando no que eu mesma estava pensando: *13 de fevereiro? O Dia dos Namorados nos Estados Unidos é dia 14 de fevereiro. Por que seu namorado te daria flores um dia antes?* Bem, na minha mente imatura e iludida achei que aquilo era "só o começo" (hmmm, talvez as palavras de Howard no cartão das primeiras peônias tenham me lembrado daquilo). Achei que fosse só um aquecimento para o grande Dia dos Namorados. Quando o vi, me joguei em seus braços cheia de alegria. Que lindo ele me homenagear mais cedo; que ótimo que ele me deu uma rosa além da típica dúzia sem graça e, ah, meu Deus, que ótimo que no dia seguinte ele me daria algo ainda mais incrível.

Nunca uso essa expressão sulista sentimentaloide, mas depois de vinte anos ela merece ser empregada com toda a sinceridade, quando lembro aquele dia: Deus abençoe seu coração. A floricultura se enganou e enviou as flores no dia errado. Como ele trabalhava como empacotador de supermercado depois da escola, Bryan tinha gastado todo o seu dinheiro com aquele presente em particular, então eu não ganharia mais nada no Dia dos Namorados. Como ele tinha 17 anos e morria de medo do que aconteceria se me contasse, não disse nada.

Então, no dia seguinte, enquanto todas as outras garotas eram chamadas à direção para buscar suas flores ou carregavam seus buquês enormes pelo corredor, lá estava eu, sem carregar nada além das minhas expectativas idiotas sobre flores. No fim do dia, eu estava completamente frustrada e chateada, com minha alegria floral do dia anterior há muito esquecida. Depois da aula, encontrei Bryan no lugar de costume no estacionamento e, quando o vi, desabei em lágrimas. Ele não teve escolha a não ser confessar que o envio das flores no dia anterior havia sido um acidente e se sentiu tão mal que acabei me sentindo pior ainda. Fiquei perguntando por que não tinha me contado antes, o que certamente me pouparia de todo um dia de espera. Ele tentou me animar, dizendo que era mais especial receber flores um dia antes de todo mundo.

Sim, todo mundo menos eu.

Howard me interrompeu nesse ponto quando contei a história. Simplesmente é triste e horrível demais para continuar.

— Coitado do Bryan Huddleston — diz ele.

— "Coitado do Bryan Huddleston"? E eu?

Como homem, Howard solidarizava-se com Bryan. Entendia sua dor em especial, já que o tópico "flores" fora uma constante nos nossos dois anos de namoro. Desde os primeiros dias, quando Howard e eu começamos a sair, eu o alertava. Deixei claro que eu dava trabalho e expliquei que dizer isso era muito melhor que aquelas garotas que diziam ser fáceis de lidar e não sabiam que davam trabalho. Com "trabalho", não estou falando de jatinhos e um apartamento em Paris, mas que sou uma garota que sabe do que gosta e que por acaso gosta de flores e de presentes espontâneos. Também garanti a ele que era muito tranquila em várias outras áreas em que as mulheres costumam ser difíceis (por exemplo: não sou reclamona e nunca vou obrigá-lo a limpar a garagem), então as coisas ficariam equilibradas.

Ele parecia estar ouvindo quando fiz tal declaração, ainda que de alguma forma não parecesse escutar o que eu estava querendo dizer. Eu deveria ter redigido um contrato de namoro para que ele soubesse que flores eram apenas um item padrão quando eu me torno namorada de alguém.

Jenny Lee, por meio desta conhecida como NAMORADA, requer flores regularmente, além das datas padrão como Dia dos Namorados, aniversário de namoro, aniversário, promoções, internações hospitalares etc. A NAMORADA espera um fluxo corrente de buquês que mostrem que você a ama, a adora, não pode viver sem ela, está pensando nela, está curioso para saber o que ela está pensando, sente por ela ter tido um dia ruim, e para que ela saiba que é a única pessoa do mundo que merece flores na mesa de trabalho.

a) Também fica claro que a NAMORADA não quer flores quaisquer. Ela espera que NAMORADO faça as sondagens necessárias para descobrir que flores ela acha mais desejáveis.

Obviamente estou brincando sobre esse contrato, mas Howard diz que gostaria que eu tivesse feito um, pois teria tornado sua vida mais fácil. Por um instante, penso em explicar que, se eu tivesse que fazer o dever de casa dele para tornar sua vida mais fácil, talvez isso tirasse um pouco do romantismo — mas não digo isso. Um pouco de surpresa não faz mal, certo?

Ele diz que uma mulher que tem expectativas tão altas em relação a flores não parece ser muito chegada a surpresas — porque se isso fosse verdade eu teria ficado mais animada com o cartão do clube das flores do mês, que promete ao assinante doze meses de surpresas.

Quando conversamos sobre a questão das flores e o quanto eu queria que ele se empenhasse mais, disse a ele que a única coisa de que eu me lembrava do filme *A época da inocência* era o acordo do personagem de Daniel Day-Lewis com seu florista para que sua amada, Winona Ryder, recebesse suas flores preferidas toda semana. Nunca faltariam violetas em sua penteadeira.

146 **MULHERES SÃO LOUCAS**

Quando contei isso a Howard, ele lembrou que as coisas não deram muito certo para o casal no fim do filme. E eu disse que duvidava que o desfecho trágico se devesse às flores, e, além do mais, podia ter acabado muito pior.

Então, Howard se cadastrou no Clube das Flores do Mês e assinou o cartão virtual como Daniel Day-Morris. Definitivamente fofo e engraçado, mas naquele momento não achei. Há muitas coisas com as quais Howard pode brincar, porque ele é um cara engraçado. Mas para mim não se brincava com aquilo, e quando recebi o e-mail anunciando meu presente não achei legal. Estávamos num impasse: ele não entendia o que eu queria. E eu não entendia por que ele não podia me oferecer aquilo.

Já perguntei a vários homens (inclusive Howard, assim como amigos e ex-namorados) por que eles não dão flores com mais frequência às mulheres que amam e recebi respostas variadas: *Não preciso de flores para demonstrar o meu amor. Eu queria, mas sempre esqueço. Vou fazer isso semana que vem. Sempre esqueço isso. Acho que entendo por que elas gostam, mas acho um desperdício de dinheiro. Simplesmente nunca penso nisso.* E a minha preferida: *Por que você não consegue acreditar que, por mim, eu te daria flores o tempo todo?*

Sem querer ofender, mas essas são as desculpas mais esfarrapadas que já ouvi. Tipo, eles já pararam para se ouvir? Esses caras não vivem no porão da casa dos pais, têm bons empregos. São referências em suas áreas, bem-sucedidos, determinados, inteligentes, mas ainda assim não conseguem tomar essa pequena atitude. Sabe, dar flores a uma garota está longe de ser uma ciência complicada.

Sempre que acho que nunca vou parar de bater minha cabeça contra a parede tento fazer uma comparação que pode me ajudar a entender Howard melhor, de alguma forma estabelecer uma ponte entre o pensamento masculino e o feminino. Penso o seguinte: *As mulheres querem ganhar flores assim como os homens querem um boquete.* (Não estou tentando ser abertamente sexual ou provocativa ao dizer isso, então, para os tímidos e sensíveis, enquanto discorro para provar minha tese, substituirei a palavra "boquete" por "pizza". Então, quando disser que os homens amam pizza, não quero que você se confunda e pense "é verdade, os homens realmente adoram pizza". Colocarei "pizza" entre aspas para você não esquecer.)

Os homens amam "pizza". A maioria deles acha que não come tanta "pizza" quanto gostaria. Os homens gostariam de comer "pizza" todos os dias. Tenho certeza de que, se os homens tivessem suas "pizza" todos os dias, haveria menos guerras, e você olharia pela janela e veria homens descendo a rua cantarolando. Como as mulheres sabem, raramente os homens comem "pizza" todos os dias. No começo do relacionamento, os homens comem muitas "pizzas" e podem até comer durante alguns dias seguidos, ou até duas vezes por dia se tiverem sorte, mas, em geral, garanto que os homens não recebem "pizza" na frequência que gostariam. Os homens querem mais "pizza" em seus relacionamentos.

Agora, seria errado interpretar esta analogia de forma muito literal, pois não estou dizendo que é uma comparação exata. Só estou tentando explicar que as mulheres amam flores — provavelmente não tanto quanto os homens amam "pizza", mas com a mesma ânsia. Bem, há homens que adoram dar flores às mulheres; ah, vai, todos já ouvimos histórias sobre essas bestas mitológicas (a amiga de uma amiga minha está namorando um centauro). E há homens que cumprem direitinho o dever de dar flores em toda data comemorativa (sendo isso o equivalente à "pizza" de aniversário que todo homem ganha!). E há os homens que, por alguma razão, simplesmente se sentem estranhos ao dar flores a uma mulher e por isso não fazem isso com frequência. Tudo bem, você reparou nas semelhanças? E mais uma vez não estou tentando ser literal ou sensacionalista, ou querendo mudar o mundo; só quero compartilhar minha teoria pessoal sobre flores e "pizza". (E não estou falando sobre flores e "pizza" nos primeiros seis meses de um relacionamento, porque até então todos estão apaixonados e há muito mais flores e "pizza".)

Quando você para para pensar, vê que flores e "pizza" não podem ser consideradas necessidades básicas. Não são como comida, água, abrigo, amor, companhia e bolo. (É brincadeira o lance do bolo. Mais ou menos.) Flores e "pizza" não fazem o mundo girar. Ninguém morre se ficar sem isso. Ninguém lutará até a morte por isso (bem, nenhuma mulher). São como a cereja no bolo. Ou o granulado. É ótimo quando tem, mas dá para viver sem. Mas por que você deveria viver sem se não precisa viver sem? Então é claro que você quer. E a pessoa que te ama não deveria querer que você tenha essas coisas? Flores (e "pizza") simplesmente fazem você se sentir bem. E as sensações boas duram certo tempo. Eba, ganhei flores! Eba, amo flores! Eba, ganhei flores ontem! Eba, comi "pizza"! Eba, amo "pizza"! Eba, comi "pizza" ontem!

Sofro para entender por que os homens não dão flores com mais frequência. Não é difícil encontrá-las. Não precisam ser muito caras. Eles não podem dizer que não sabem porque é completamente óbvio que essa questão aconteça há séculos. É por isso que dura; porque dá certo. É claro, deve ter existido algum cara que deu uma pá e um carrinho de mão para sua mulher e disse: "Achei que, já que você gosta tanto de flores, deveria plantá-las você mesma." Mas tenho certeza de que este cara agora deve estar enterrado bem no fundo do canteiro que ele sugeriu.

Talvez eu tenha que observar atentamente minha própria atitude em relação a "pizza" para entender melhor o mistério. Howard adora "pizza", e ultimamente tenho quase certeza de que ele acha que não come "pizza" suficiente. Verdade seja dita, Howard comia "pizza" o tempo todo. Mas o ritmo diminuiu consideravelmente. (Embora seja importante deixar registrado que ele não come "pizza" apenas em ocasiões especiais como seu aniversário; às vezes ele ainda recebe uma "pizza" surpresa aqui e ali. Não sou idiota; não quero que ele fique desesperado por "pizza" e comece a sentir necessidade de sair e comprar "pizza" em uma "pizzaria" qualquer. Não, isso seria péssimo.) Então acho que agora posso dizer que também sou culpada por não dar "pizza" suficiente para meu homem.

Ok, está combinado. Vou parar de reclamar e simplesmente aceitar que os homens realmente se esquecem de dar flores e que não devemos levar a falta de flores tão a sério. Tentarei, prometo. E para todos os homens por aí que sentem falta de "pizza" saibam que eu entendo, e talvez isso faça vocês se sentirem melhor: "Ah, querido, por que você não consegue acreditar que, se fosse por mim, eu te daria 'pizza' o tempo todo?"

8

DESTRUINDO EXPECTATIVAS
AINDA ESTÚPIDOS DEPOIS DE TANTOS ANOS

> Não sei o que você amou em mim/ talvez a imagem de alguém que você esperava que eu pudesse ser.
>
> — JACKSON BROWNE, CANTOR

JÁ DEVE ESTAR CLARO, por tudo o que você leu até agora, que sou um completo imbecil quando o assunto é mulher.

Mas o fato é que sou pior que isso.

Porque sou um desses caras que as mulheres *acham que têm mais consciência.*

E caras assim são os piores. Estamos condenados a decepcionar as mulheres sempre porque elas esperam muito de nós. Sou visto como sensível e inteligente, uso óculos e fiz anos de terapia. (Gosto tanto de falar sobre meus sentimentos que certa vez um terapeuta me deu um toque: "Sabe, você não tem que me contar *tudo.*") Então, quando um cara versado nos caminhos emocionais prova ser um babaca insensível, as mulheres acham isso ainda mais trágico. Muitas vezes lamentei minha sina e desejei ser um simples idiota comum. Se você pode ser descrito como tal, considere-se abençoado. (E se você *realmente* for um idiota comum, talvez devesse ouvir o audiobook deste livro.)

Estou condenado para sempre a esmagar as esperanças das mulheres. Depois de ouvir mais uma das minhas desventuras na terra do sexo frágil, minha amiga Susanne me olhou com a expressão mais triste que já vi.

— É tão deprimente — disse ela.

— O quê? — perguntei.

— *Que até um cara como você não seja um cara como você.*

Este sou eu. Um cara como eu que não é um cara como eu.

Mas se um cara como eu não é um cara como eu quando é que um cara como eu *realmente* é um cara como eu? Quem é realmente um cara como eu? O cara que eu deveria ser. O cara que muitas vezes acham que sou. O cara que as mulheres acham que sabe uma coisa ou outra sobre elas.

Quem é *esse* cara?

Ele não existe.

Tá, espera! Antes que as mulheres atirem o livro do outro lado da sala com nojo e desesperança, vamos conversar! Esse cara existe — *às vezes*. Todos podemos ser o melhor de nós mesmos vez por outra. Talvez até por uma hora. Mas em determinado momento qualquer homem, não importa quão iluminado seja, volta a ser ele mesmo — ou seja, volta a ser o que sempre foi: um homem.

Isso parece angustiar as mulheres infinitamente. Aparentemente, elas estavam esperando outra coisa. Muitas vezes Jenny me diz: "Às vezes esqueço que você é só um homem. E então me lembro: você é." Hmm, obrigado. Devo sublinhar que isso não é dito como algo extremamente estranho e é sempre num tom que indica sua decepção com o atual estado das coisas. Ela parece ter problemas para conciliar a pessoa que achava que eu era com a pessoa que sou. E é essa mesma disparidade entre quem somos e quem elas esperam que sejamos que deixa as mulheres enlouquecidas. As expectativas delas em relação ao homem amado têm a capacidade de levar suas mentes a extremos, instaurando o caos por ali.

E mesmo assim elas têm a audácia de chamar isso de esperança.

Mas a verdadeira loucura é que *elas sabem quem nós somos*. Só que ainda esperam que sejamos outra pessoa.

Num primeiro momento, acho que não foi exatamente um problema quando Jenny descobriu minha "hombridade" inerente, apesar de sua crença inicial de que eu fosse meio mulherzinha. Isso só a deixou um pouco intrigada. Um dia, eu a ouvi falando ao telefone com uma amiga: "Howard assina a *Sports Illustrated*. Estranho, né? O Chris também assina a *Sports Illustrated*?... Eu achava que não. Nossa. Eu nunca imaginei que seria uma dessas garotas que namoram um cara que assina a *Sports Illustrated*."

Nunca imaginei que seria um cara que tem uma árvore de Natal, mas este ano montei uma.

E daí? As coisas mudam. Eu superei isso. Sem expectativas. O primeiro casamento é feito de expectativas. Agora sou um cara mais esperto e feliz. Quando Jenny e eu, que já fomos casados com outras pessoas uma vez, agimos de uma forma que não contribui para nossa relação, dizemos um ao outro: "Isso é coisa de primeiro casamento." Por exemplo, culpar seu parceiro por tudo de ruim que acontece na sua vida é "coisa de primeiro casamento".

Expectativas também são "coisa de primeiro casamento".

E uma coisa de que as mulheres não se dão conta é que todos os homens leem a *Sports Illustrated* — pelo menos metaforicamente. (Até mesmo o santo Chris!)

As expectativas sempre vão te enlouquecer.

Jenny ainda não conseguiu aceitar um romance que escrevi aos trinta e poucos anos que alterna percepções juvenis, doçura e sensibilidade com ideias imaturas, humor bobo e pornografia chocantes. (Com tudo isso, deveria ser uma leitura melhor...) É a justaposição dessas características — que obviamente ainda possuo — que ela não consegue conciliar. É uma nota dissonante em sua percepção sobre mim. Algo em meu romance de garotão ainda a perturba, mesmo me conhecendo há dois anos. Alguma coisa *em mim* simplesmente não faz sentido para ela.

ALERTA VERMELHO! USUÁRIO NÃO RECONHECIDO!

Para ela, o mais perturbador é uma das cenas de sexo do livro. Ela me contou, várias vezes, como ficou impressionada, como ficou boba, como ficou surpresa — e não no bom sentido — ao ler aquilo. E olha que Jenny Lee não é uma pudica. Só *acha estranha a forma como falei sobre desejo sexual*. Há uma passagem que ela sempre cita — como se ainda estivesse tentando processar como "o seu Howard" pode ter escrito aquilo. Claramente foi um momento-chave em sua avaliação inicial sobre mim e que a faz pensar até hoje.

Segue a passagem do romance:

"Quando me sentei no banco do carona, vi de relance seu seio esquerdo, pintado de sardas delicadas, escapando pelo decote em V. Fui tomado por um poderoso desejo de pular sobre as marchas do carro e sugar aquele peito até que as sardas saíssem na minha boca. Certifiquei-me de que meu cinto de segurança estava bem apertado."

Sua crítica em uma palavra: "Eca."

Ok, não é um livro de Philip Roth. Mas nem sei direito o porquê de esta passagem ter sido a que queimou um lugar permanente, mesmo que indesejado, no cérebro dela — porque escrevi coisa muito pior! Para não falar da cena de masturbação interrompida (sem dúvida inspirada no próprio autor) ou da em que os seios da mulher fizeram "uma bela dança sacudida", enquanto eu "sentia toda a força de seu corpo se esfregando contra mim" e enquanto "todo o sangue do meu corpo fluía para meu pênis, me deixando com medo de desmaiar". Também há o "explodir dentro dela" depois de ser "carinhosamente guiado para dentro de sua boca quente".

Usei a palavra "carinho"! Do que ela está reclamando?!

Tudo bem, está mais para revista pornográfica do que para um autor clássico como D.H. Lawrence. (É claro que revistas pornôs tiveram uma influência muito maior sobre mim.) E, embora eu possa concordar com seu "Eca" em relação à qualidade da minha literatura, a atitude masculina em relação ao sexo não está muito distante disso. Sabe, a execução pode ser imatura, é verdade, *mas é assim que os homens veem o sexo:* para nós, é visceral, excitante, envolve peitos balançando e se parece com textos de revistas pornô.

E as mulheres sabem disso.

Mas, de alguma forma, não era isso o que elas estavam esperando.

Mas o que estavam esperando? E quem disse que deveriam esperar isso? Elas realmente acham que até o maravilhoso McDreamy de *Grey's Anatomy* — que só perde para o Chris na minha casa — fala sobre sexo com Meredith sussurrando com sotaque inglês? "Sua pele é suave como alabastro, querido George, e macia como pétalas de rosa..."

Eca.

Elas esperavam mudar a gente? Em muitos casos, sim. (Isso não é assunto para um só capítulo. Dá para um livro inteiro.) Ou só esperavam que amadurecêssemos até finalmente nos tornarmos irreconhecíveis para nós mesmos? A esperança era essa? Ou talvez o objetivo?

Até um cara como eu não é um cara como eu.

As expectativas sempre frustram.

Quando as mulheres passam a nos conhecer, suas expectativas são inevitavelmente diminuídas — e a loucura também, um pouco. Mas elas nunca deixam realmente de lado o fantasma da expectativa nem superam o choque inicial de saber quem realmente somos, apesar dos esforços e das esperanças de que fosse diferente. E isso as leva à loucura — e às vezes à bebedeira. Mas as expectativas também possuem efeitos negativos sobre os homens. *Nós somos esmagados por seu peso.* Parece que nunca satisfazemos às expectativas femininas, então partimos por outro caminho. Pegamos uma expectativa e fazemos exatamente o contrário — só por irritar!

Isso nunca dá certo.

EXPECTATIVAS LOUCAS/REAÇÕES ESTÚPIDAS

Hoje de manhã, Jenny e eu tivemos uma clássica situação de expectativa louca/reação estúpida em casa. Talvez *a* situação clássica. Fui dar um beijinho de despedida nela quando saía do chuveiro e ela virou a cara. Fugir de beijos nunca é boa coisa.

— O que foi? — perguntei.

— Você não reparou no meu cabelo? — respondeu ela, claramente chateada, e então afastou-se de mim e desceu as escadas. Logo gritei para ela que estava lindo. Do andar de baixo, ela gritou que eu nem estava de óculos — o que tornou meu veredicto sobre seu cabelo algo suspeito. Sem óculos, ela poderia até mesmo estar sem cabelo que eu não perceberia.

Mas por que as mulheres acham que vamos reparar em seus cabelos? Nunca reparamos.

A não ser que elas mudem radicalmente os cabelos. E aí nunca ficam felizes com a forma como percebemos. "O que aconteceu com o seu cabelo?" pode não ser delicado, mas o que elas esperavam? E mesmo assim a expectativa persiste — depois de trilhões de novos cortes de cabelo em todo o mundo terem passado despercebidos por homens há gerações.

Como um idiota, decidi me defender das acusações dizendo que aquilo era "coisa de primeiro casamento". Gritei de volta:

— Meu Deus, Jenny, quando você chegou ontem à noite eu já estava deitado! Eu nem estava de óculos! E estava escuro! — Então ela foi até o pé da escada e olhou para mim com aquela expressão de "Você é um idiota". Não precisei de óculos para enxergar isso.

— *Nós jantamos juntos ontem à noite.* — disse ela. O que eu tenho certeza de que seria "Nós jantamos juntos ontem à noite, seu imbecil", se meu filho de oito anos não estivesse por perto. Naquela noite, depois do jantar, quando disse que *nenhum cara* notava quando a mulher cortava o cabelo, ela me disse que seu *ex-marido* sempre notava.

Isso é "coisa de primeiro relacionamento importante depois do divórcio".

Ela tem uma expectativa louca, e eu reajo de forma ainda mais estúpida que o normal.

São as expectativas, meus amigos, mais uma vez colocando em prática sua magia negra!

O PRESENTE DO IDIOTA

As expectativas que rondam a questão dos presentes em relacionamentos são perfeitas oportunidades para se cair no padrão expectativas loucas/reações estúpidas. Dar presentes em qualquer relacionamento é uma arte, e certamente as mulheres são melhores nisso, apesar de eu já ter recebido presentes que preferia que tivessem continuado nas fotos de catálogo. As expectativas em relação aos presentes se apresentam de duas formas para as mulheres: primeiro, há o presente que você dá a *ela*, que vem com a expectativa de que de alguma forma mostrará que você a conhece e que você pensou e se esforçou para chegar lá. É justo. Mas há também a expectativa que as mulheres têm quando *te* dão um presente: a expectativa de que você verá o presente exatamente da forma que ela vê — a forma como ela vê você e, por extensão, como *você deve se enxergar*. E então, é claro, você lhe agradecerá empolgado.

No meu aniversário de 30 anos, minha ex-mulher me deu dez sessões com um *personal trainer*. O presente parecia me dizer "Parabéns, gorducho!", "Hora de entrar em forma, barrilzinho!". Era a clara expectativa que acompanhava aquela pérola de presente. (E isso foi anos antes de a "Bengala" apontar que o fim de nossa união estava próximo.) Quando reagi sem o menor traço de alegria no rosto, ela ficou chateada. Então tive que consolá-la por causa da minha reação ao *meu* presente e garantir que, sim, eu era gorducho, além de agradecer por ela ter me arrumado um *personal trainer*, o que eu jamais teria coragem de fazer por conta própria.

Um presente particularmente infeliz que recebi certa vez veio de uma namorada que era sócia de um clube — um clube chiquérrimo, diga-se de passagem. Eu nunca fui um cara de clubes. Não sou um companheiro, como disse Groucho Marx. E certamente não desse clube de praia — que, em sua infame história, não permitiu a entrada de judeus e negros durante décadas. Então imagine minha surpresa quando ela me deu "uma roupa que eu poderia usar no clube nas tardes de domingo"! Era uma camiseta de mauricinho (se não tinha um jacaré bordado, deveria ter) e garbosas calças brancas.

Calças brancas.

Nunca fui um cara de calças brancas. E eu sabia que aquelas roupas acompanhavam a expectativa de que eu fosse o cara de clube chique e bem relacionado que iria com ela e as crianças àquele lugar todo domingo pelo resto da minha vida. Explodi totalmente com a expectativa das "calças brancas".

Mas, em vez de tentar consertar a impressão errada que ela teve de mim, talvez com uma conversa tranquila num momento apropriado, decidi numa noite que ela saberia quem eu era e quem eu não era.

Depois do sexo. Tipo, logo depois.

Se existe alguém capaz de tirar o brilho de um pôr do sol, este alguém sou eu. Digamos apenas que ninguém quer ouvir a história do antissemitismo nos Estados Unidos durante os carinhos pós-coito. Naquela noite, também mencionei — com a sutileza de uma bigorna — que eu não tinha certeza se conseguiria me dar bem com seus filhos pequenos. *Logo depois do sexo.*

Explodi com as expectativas, o que mais posso dizer?

Não é de se espantar que ela tenha terminado comigo no dia seguinte. Surpreendentemente, continuamos amigos até hoje, embora eu nunca tenha usado aquelas calças brancas.[7]

Mas não importa o quanto eu estivesse acostumado com presentes que vêm com expectativas (a bengala, o *personal trainer*, as calças brancas), nada poderia ter me preparado para o que Jenny Lee me disse vários dias antes do nosso segundo aniversário de namoro. Como eu fora proibido de entrar em seu escritório na nossa casa durante semanas, eu sabia que ela estava fazendo algo para mim e, como ela havia feito aulas de arte, achei que fosse alguma pintura — que eu sabia que adoraria, porque ela é uma ótima pintora e sua obra tem um senso de humor genial. O que eu não esperava era o que ela me disse certa manhã: *"Esse é o presente mais significativo que já dei a alguém."*

COMO EU DEVERIA LIDAR COM AS EXPECTATIVAS QUE VÊM COM ESSA FRASE?!

Mais uma vez, duas questões: como dar algo à altura do presente mais significativo da história? Eu não posso simplesmente comprar para ela alguma besteira na "Loja Significativa". (Aliás, não é uma má ideia de negócio, seria muito útil para homens que precisam comprar presentes.) Também havia a questão da *minha reação* ao receber o presente mais significativo da história. Eu teria que amar! E ser bem efusivo na demonstração do meu amor. Melhor eu derramar uma ou duas lágrimas, ou até mesmo chorar descontroladamente de tanta emoção, ou eu me arriscaria a deixá-la chateada, ou pior, puta.

---

[7] Jenny compartilhou comigo sua preocupação de que parecesse "louca demais" neste livro. Tentei reassegurá-la de que ela só parecia "louca na medida certa". No entanto, agora estou preocupado que a revelação da minha mancada pós-coito me faça ser lembrado para sempre como o idiota que não conseguiu calar a boca depois de gozar.

Então, naturalmente, meu impulso inicial foi justamente o contrário.

Totalmente o contrário...

Um vale-presente de uma loja de departamentos.

"Ei, então... eu só queria que você soubesse que significa muito mais para mim do que esse presente sugere." Nossa, isso ultrapassa os limites da estupidez. Mas entendo o impulso. Porra, eu *já atendi* a esse impulso antes. Escolhi fazer a coisa imbecil numa tentativa de subverter as expectativas e mostrar às mulheres que sou um rebelde que segue os próprios caminhos. E agora eu estava provavelmente seguindo meu caminho.

Mas eu também sabia que o que tornava o presente de Jenny tão significativo era que ela estava *fazendo-o* para mim e dedicando muito tempo a isso. *Então, vou construir uma cabana para ela!* Pensei. Tirando o fato de que não sei construir nada, e onde colocaríamos uma cabana, de qualquer modo? Segundo pensamento: *vou fazer algo artístico e significativo com papel machê!* Não, isso é muito bizarro. E eu acabaria comendo a massa...

FODAM-SE VOCÊS, EXPECTATIVAS! NÃO TENHO OUTRA ESCOLHA A NÃO SER AGIR COMO UM IDIOTA!

As expectativas dominam todos os Dias dos Namorados — um dia com expectativas tão exageradas que já abalaram até o mais sólido dos casais. As expectativas mataram a véspera de Ano-Novo! Quando você é pequeno, vê os fogos e vai dormir. Mas ninguém na história dos relacionamentos adultos já teve um bom réveillon, por causa das expectativas que as mulheres colocam sobre a data!

Tudo bem, isso nem sempre é verdade.

Nosso primeiro Ano-Novo foi fenomenal (como eu contei no capítulo 4). Mas foi o *único* grande Ano-Novo da minha vida. E ele nunca teria acontecido se tivéssemos altas expectativas. Nós dois já estávamos escaldados pelos restaurantes exploradores e celebrantes bêbados vomitando nos nossos sapatos para esperar que aquela noite fosse diferente. Mas acabou sendo romântica e sensual; a comida estava ótima e o restaurante tinha uma vista incrível do centro de Los Angeles. Mas sabe o que acontece quando você tem um Ano-Novo maravilhoso? As expectativas ficam ainda maiores em relação ao próximo! Como era de se esperar, o réveillon seguinte foi uma merda. Voltamos à exploração do restaurante com menu fixo, com uma reserva para cedo demais, e mesmo assim cedo o suficiente para sermos cercados por bêbados vomitando em nossos sapatos. Mas o pior é que o ótimo restaurante especializado em carnes que eu prometera a ela estava servindo *peixe naquela noite*. E eles não nos deixariam pedir as batatas fritas, ou a massa com molho de queijo, ou qualquer dos acompanhamentos que tornavam aquele lugar *o lugar*. (O macarrão com molho de queijo de lá é capaz de fazer você mudar de religião ou fundar uma nova).

Os menus fixos obviamente foram inventados por *chefs* homens para zombar das expectativas em relação ao Dia dos Namorados e ao Ano-Novo. Por que outro motivo a comida seria sempre uma decepção em todas essas noites românticas? O *chef* sabe que as mulheres vão ao restaurante com esperanças e sonhos de uma noite romântica inesquecível, então ele pira e diz a si mesmo: "Já sei. Vou cozinhar um prato em que sou péssimo!" Sim, é idiotice. Mas não, não é incompreensível.

A culpada aqui, como sempre, é a palavra que começa com E.

Acredito piamente que, se conseguíssemos simplesmente acabar com as expectativas, poderíamos eliminar de uma vez por todas o sofrimento na relação entre homem e mulher. E se eu for eleito presidente dos relacionamentos tornarei as expectativas *ilegais*. Uma das plataformas do meu partido será que, se alguém tiver que esperar alguma coisa, que espere o pior e depois tenha uma surpresa agradável! Mas vamos acabar de vez com o fardo de esperanças e sonhos em relação aos namorados.

Melhor ainda, não espere nada de ninguém — especialmente daqueles que ama.

Mas aqui está o que diria minha concorrente na disputa para presidente dos relacionamentos em seu discurso: *"Nosso oponente está sugerindo que abandonemos todos os padrões de comportamento? Que simplesmente não devemos esperar nada dos homens? Foi a esse ponto que chegamos? Não devemos sequer ter mais esperanças? Devemos apenas dar e dar sem esperar nada em troca? As expectativas não fazem parte dos relacionamentos? A expectativa de que o outro estará lá para você de formas muito significativas? Todo ser humano não tem o direito de querer ser cuidado, amado e apoiado emocionalmente? As expectativas não são a essência de uma relação? Se não esperarmos nada um do outro, será que significamos alguma coisa um para o outro?"*

Tudo bem... Acho que entendi...

Mas por que isso significa que tenho que usar calças brancas no Ano-Novo enquanto leio compenetrado um menu fixo superfaturado com pratos que não posso comer por causa do meu *personal trainer*, que vai me fazer dar uma caminhada com uma bengala imbecil?

Por que há expectativas e expectativas.

E é obrigação de cada um saber a diferença.

Há as expectativas de que você seja uma pessoa completamente diferente e há as expectativas de que você dê o melhor de si. A pessoa por quem o outro se apaixonou. O idiota não é tão idiota quando age como um idiota se alguém quer mudar totalmente a personalidade do idiota. Mas se um idiota age feito um idiota quando alguém o ama por quem ele é de verdade, então ele é imperdoavelmente idiota. E a louca pode ser louca por esperar que um homem não seja um homem, ou mesmo, francamente, que note seu cabelo, mas não há nada de louco em esperar ser amado da maneira que alguém precisa ser amado.

Resumindo: é melhor eu dar um bom presente para ela.

O PRESENTE MAIS SIGNIFICATIVO DA HISTÓRIA

É uma pintura. E não é. É uma colagem. E não é. São recortes. E não são. É uma série de fotografias. E não é. É uma antiguidade. E não é. Mas é uma obra de arte. E me deixou sem fôlego.

Nas horas que passou em seu escritório, Jenny pegou uma cartela de fotos três por quatro antigas e arranhadas que tiramos numa cabine e transformou em algo mágico. As poses nas fotos são divertidas, fofas, engraçadas, sensuais (ela, não eu) e surpreendentemente sinceras. Ela ampliou algumas, reduziu outras, misturou-as, envernizou algumas, pintou por cima de outras, escreveu a palavra "amor" dentro e em volta, brincou com cores, tons, superfícies, texturas, aprofundou os arranhões em algumas para dar um efeito e os preencheu em outras para fazer um contraponto. Na verdade, são apenas quatro poses nossas, mas parecem mil. E depois de todas as camadas de verniz, idas a papelarias, depois de pintar, repintar, colar, colocar e recolocar as fotos em seus vários tamanhos, ela capturou nossa essência. Ela capturou nosso amor.[8]

E eu dei a ela uma pulseira de prata com pingentes.

Tudo bem, eu também achei brega. Mas o brega com um significado sempre supera a breguice. Aqui estão os pingentes que escolhi colocar na pulseira:

- Um coração que diz "Feliz aniversário de casamento" — porque celebrava a ocasião e dava para gravar a data em que nos conhecemos atrás.
- Um livro — porque ela é escritora e leitora voraz.

---

[8] A deliciosa ironia: as fotos que tiramos na cabine, que tão claramente haviam capturado o amor louco e idiota de um pelo outro, que Jenny usara como base para sua pintura, foram tiradas numa cabine de fotos instantâneas na festa de casamento de Jonathan Silverman! Sim, havia uma cabine de fotos lá. Tudo bem, talvez isso não seja delicioso. Mas é irônico, considerando a noite que estávamos prestes a passar...

- Um laptop — porque é o instrumento que ela usa para escrever seus livros.
- Um capacete de futebol americano — porque ela abraçou meu amor pelo esporte como se fosse seu (embora ela torça para o Dallas Cowboys).
- Um cavalete com várias tintas — porque é o que ela usa para pintar imagens que fazem a mim e a meu filho rir e balançar a cabeça impressionados e alegres.
- Um cachorro terra-nova — porque temos o Doozy, um terra-nova que ela ama mais do que a mim.
- Uma plaquinha de sinalização com a inscrição "Nunca vou parar de te amar" — porque sei o quanto os sinais são importantes para ela. E não vou parar de amá-la.

Ela chorou quando lhe dei a pulseira. De alegria.

Expectativas atendidas dos dois lados. Quem diria?

Naquela noite, fomos jantar num restaurante bacana no píer de Santa Monica, com planos de depois passear de barca — algo que ela queria fazer já havia algum tempo. Nosso jantar foi excelente — nada de menus fixos em aniversários de namoro, graças a Deus —, e curtimos a incrível vista do píer. Eu estava no meu segundo *mojito* de framboesa (especialidade da casa) e me sentia muito bem quando percebi seu olhar um pouco distraído. Ela apontou para a barca, que estava lindamente iluminada com luzes de diversas cores e formas.

— Não está funcionando — disse ela.

Então percebi que, apesar de estar iluminada, a roda da barca não girava. Olhei o relógio, já passava bastante das oito.

— Talvez eles fechem mais cedo durante a semana — disse eu, antes de prometer a ela que iríamos em outra noite.

Ela assentiu e abriu seu sorriso de "estou aproveitando isso ao máximo".

— O quê? — perguntei.

— Nada — mentiu ela.

— *Fala!*

— Estou tentando não encarar isso como um sinal.[9]

RESPOSTA DA JENNY

O QUE ESPERAR QUANDO VOCÊ ESTÁ ESPERANDO UMA PIZZA

Uma das melhores coisas de se ter um namorado ou marido é que você se sente parte de um time. Um casal não é formado de uma pessoa sozinha, e certamente não se pode esperar ganhar uma corrida de três pernas sem mais alguém. Ter com quem compartilhar as coisas boas é muito bom, mas também há certo conforto em saber que você tem alguém ao seu lado automaticamente quando precisa enfrentar desafios.

Howard me acalma quando acordo de um pesadelo, nunca fica puto quando esqueço as chaves ao sair com o cachorro e, como tende a acordar várias vezes no meio da noite, nunca parece se importar quando lhe peço para pegar água, um remédio ou para me abraçar em um de seus passeios noturnos. Howard é um cara com quem se pode contar 101 por cento. (Apesar de que, se naufragássemos e acabássemos em uma ilha deserta, acho que eu sobreviveria mais tempo sozinha: Howard é o tipo de cara que com certeza gastaria nosso último fósforo procurando os óculos que perdera na areia. Mas quando o assunto é viver numa ilha deserta, para mim, a qualidade do tempo vale muito mais que a quantidade.)

A vida nos dias de hoje é dura. Há muitas decisões a se tomar, muitos compromissos diferentes a cumprir e, como casal, vocês podem cooperar ou lutar um com o outro. Geralmente, Howard e eu somos uma máquina bem azeitada de cumplicidade. Nossas rotinas são bem compatíveis: ambos priorizamos a pontualidade, preferimos pedir comida a

---

[9] Ver capítulo 7.

cozinhar, e nosso traço mais famoso, apesar de mais meloso: nossa frase de casal (que só para constar, ele disse primeiro) é que fazemos o outro rir tanto que é como se toda noite fosse uma festa. Minha maior reclamação sobre alguns dos capítulos de Howard é que ele sempre foca os aspectos negativos do nosso relacionamento, então você pode imaginar minha surpresa quando li em seu último capítulo que ele tem dificuldade em lidar com as minhas expectativas. Não acho que eu já tenha reclamado de ele não atender às minhas expectativas (além das flores), pois na maioria das vezes ele as atende e em várias ocasiões até as supera.

Uma noite dessas saí da minha aula de artes e pensei em comprar comida quando vi que Howard havia me enviado uma mensagem de texto dizendo que já pedira nosso jantar e que já estava pronto para buscar. Sorri diante do *timing* impecável, que me impressionou muito. Mas o seguinte pensamento pairava, como a bolha de detergente na pia da cozinha: *que sabor de pizza será que Howard pediu para mim?* Pensei nisso porque, em primeiro lugar, geralmente sou eu que faço o pedido; em segundo, tenho minhas peculiaridades em relação à pizza, enquanto Dustin e Howard têm um gosto bem simples.

Liguei para ele do carro e disse que estava indo buscar o jantar.

— E aí, qual sabor de pizza você pediu pra mim?

Howard, sorrindo — sua voz sempre denuncia —, disse:

— Metade vegetariana, metade mozarela, caso você não goste dos legumes.

Ele estava orgulhoso de ter um plano B só por precaução. Isso mostra mais uma vez o quanto ele é atencioso, pois sabe que sou uma garota que adora um plano B. *Mas por que precisaríamos de um plano B para pizza?*

Quando cheguei em casa com a comida, a mesa já estava posta, e mais uma vez fiquei impressionada com o quanto nos completávamos. Pôr a mesa e arrumar a cama eram duas coisas obrigatórias durante toda a minha adolescência, motivo pelo qual não faço mais nada disso. Mas encontrei um cara que faz as duas coisas de que não gosto! A gente se completa mesmo, né?

Enquanto Dustin e Howard mergulhavam em sua pizza grande (metade com molho extra e queijo light para Howard e metade com molho e queijo normais para Dustin), eu olhava para a caixinha de pizza menor aberta diante de mim.

Ele merece um desconto pelos tomates fatiados em cima da pizza. Sei que é estranho eu não gostar de tomates fatiados. Não gosto deles em sanduíches, não gosto deles em hambúrgueres e não gosto deles na pizza. Mas não me importo com cubinhos de tomate em molhos ou na maioria dos pratos mexicanos. E, além disso, adoro molho de tomate. Então, obviamente, minha relação com o tomate é complicada.

Mas o que realmente me incomodou foram as azeitonas.

Eu. Odeio. Azeitonas.

Não há confusão nenhuma em relação a isso. Eu não gosto. Eu não gosto. Eu não gosto. A azeitona é uma daquelas coisas que, se dizem que está num prato, perto de um prato ou mesmo se fosse a única comida na Terra, eu não comeria. Não deixaria uma azeitona entrar no meu bote salva-vidas se estivéssemos juntas no *Titanic*. Não pararia para ajudar uma azeitona a trocar o pneu furado no meio da estrada, e se isso me faz parecer uma pessoa fria, saiba que não espero que a azeitona pare para me ajudar. Eu e a azeitona não nos damos bem.

Respiro fundo, esqueço tudo e começo a catar as azeitonas na pizza sem dizer uma palavra. Já houve uma época em que, se um namorado pedisse uma pizza com azeitonas para mim, eu ficaria fula da vida. *Como assim ele não me conhece? Foi uma espécie de negação? Ou foi para me aborrecer mesmo?* Hoje, pizza é um assunto muito sério em nossa casa (estamos todos tentando comer melhor, então não caímos na tentação com tanta frequência), e, na verdade, a última vez em que pedimos pizza foi um desastre para mim, pois havia molho de azeitona na minha pizza de champignon, embora eu tivesse dito claramente que queria sem molho. Naquela ocasião, não surtei totalmente (fui eu quem pediu a pizza), mas houve momentos de tragédia grega, enquanto eu lamentava o grave erro da pizzaria. Eu estava a própria Cliemnestra, irmã de Helena, com minhas mãos acenando em lástima: *"Do alto do Monte Ida, Hefesto, Deus do fogo/ Enviara meu chamado à pizzaria. Sem azeitonas, não me ouviram dizer/ Sem azeitonas, nenhuma, repeti!"* Mas agora sei que Howard não estava ouvindo meu teatro porque não teria como ele não saber que sou arqui-inimiga das azeitonas depois daquela cena.

Mas não tem problema, pois resolvi deixar para lá.

Sei que uma das condições para se deixar algo para lá é realmente *deixar para lá*, o que significa não voltar ao assunto depois. Então não levantei especificamente o assunto das azeitonas, mas o que fiz foi sutilmente questionar se Howard me conhecia bem de verdade.

— Howard?

— Hã?

— Lembra um programa de TV em que o casal tinha que responder perguntas um sobre o outro?

— Na bunda, Bob.

— Quê?

Howard começou a rir e me explicou que uma lenda urbana dizia que, certa vez, naquele programa, o apresentador Bob perguntou a uma competidora qual fora o lugar mais estranho onde já fizera "saliências", e ela respondeu: "Na bunda, Bob."

Tudo bem, devo ter perdido essa. E, é claro, não era bem assim que eu esperava que aquela conversa começasse, mas continuei mesmo assim.

— Você acha que a gente se sairia bem naquele programa?

MULHERES SÃO LOUCAS

De repente, Howard ficou rígido, o que me lembrou daquela brincadeira de "Estátua!" em que todo mundo ficava dançando até alguém gritar "Estátua!", e você tinha que ficar parado na posição em que estivesse, como, bem, uma estátua. (O vencedor era aquele que não se mexesse e fosse a estátua mais engraçada.) Howard parecia congelado, como se estivesse brincando disso, olhos arregalados, ombros tensos, e eu tinha minhas dúvidas se ele ainda estava respirando.

— Relaxa, não é uma conversa sobre casamento.

Ele soltou todo o ar que estava prendendo e secou a testa. Fingi não perceber e continuei:

— Só estava pensando se você acha que a gente se sairia bem se competisse naquele programa.

Howard, que gosta de me dizer que me conhece melhor que qualquer outra pessoa no mundo, foi direto ao ponto:

— Isso é por causa da azeitona?

Dei de ombros e tentei deixar meu olhar mais inocente. Eu não diria a palavra "azeitona" de jeito nenhum naquela conversa, pois já tinha deixado tudo aquilo para lá! Apesar de ter cogitado falar sobre elas agora, já que ele começara o assunto.

Fui cautelosa.

— Não, não é por causa... *desse negócio*.

Ele me encarou de forma intensa, mas não desviei o olhar. Ele me disse outra vez que me conhecia melhor que todo mundo. Não respondi. Mas fiquei pensando no fato de que todas as pessoas que me conhecem também sabem que não gosto de azeitona na pizza. E não são poucas. Eu me mantive firme e não disse nada. *Isso não é por causa da azeitona.*

No dia seguinte, Howard me ligou assim que chegou ao escritório.

— Que e-mail é esse?

— Que e-mail?

— Esse e-mail que recebi da Heather com o assunto "O jogo dos casais!".

— Ah, esse e-mail. Hoje a Heather não vai ser sua assistente, vai ser nossa incrível apresentadora, igual ao Bob da TV. Só achei que seria divertido a gente brincar disso. Todas as perguntas que ela escolheu foram perguntas de verdade do programa.

Ele suspirou, e sei que estava duvidando se aquela era realmente a melhor forma de usar o tempo de sua assistente naquele dia, mas não disse nada. Em vez disso, perguntou:

— Isso é por causa da azeitona?

— Não — continuei firme. — Só achei que seria divertido.

— Ah, Jenny, eu odeio esses testes, e você tem que saber que eu te conheço bem, conheço o que realmente importa, e a azeitona não significa nada! Talvez eu não saiba as suas preferências de pizza, mas eu conheço seu coração.

Se você conhecesse meu coração, então saberia que não tem azeitonas lá.

— Ah, por favor, vai ser legal.

— Detesto essas coisas e sou péssimo em testes.

— Não é um teste. É um jogo! Por favor! A mamãe precisa de uma máquina de lavar nova!

— Quê?

— Só estou tentando agir como uma competidora de verdade. Quem sabe? Talvez eu ganhe o prêmio final.

Howard não diz nada, mas é óbvio que ele acha que já começou perdendo por ter que suportar uma louca como eu.

Heather fez tudo por e-mail. Duas rodadas com dez perguntas cada. Na primeira, Howard teria que responder perguntas sobre mim, pensando que eu daria as mesmas respostas. Na segunda rodada, teria que responder perguntas sobre si mesmo. Precisaria dizer qual comida eu mais gostava de atacar quando estava triste, quantos pares de sapato eu diria que tinha e qual era a viagem dos meus sonhos. Eu teria que dizer quanto ele calçava, o que ele faria se pudesse mudar de profissão, seu carro dos sonhos e para onde ele iria se ganhasse uma semana de férias em qualquer lugar do mundo.

Acertei sete das dez perguntas sobre ele. Howard acertou uma e meia.[10]

Mas, apesar de oficialmente eu ter errado três, na verdade errei apenas uma. Quando Heather estava avaliando minhas respostas, previ duas das respostas que Howard daria a perguntas sobre mim que estavam erradas, mas eu sabia que ele as daria. Então, extraoficialmente, acertei nove de dez e fiquei bastante satisfeita.

Já houve uma época em que eu ficaria muito satisfeita em ser promotora de justiça do caso *O estado da relação contra Howard J. Morris*, no qual eu provaria que ele estava errado e que o fato de não saber a resposta para as perguntas sobre mim realmente significava que ele não me amava tanto quanto achava. Participei de debates no ensino médio e sabia como defender minha opinião em qualquer assunto que surgisse. Sabia o que precisava ser dito e estava confiante de que o júri daria um veredicto a meu favor por unanimidade nesse julgamento em especial. Eu podia vencê-lo até debaixo d'água, de mãos atadas e olhos fechados. Podia prová-lo por escrito, ou em versos alexandrinos preciosos se me pedissem para fazê-lo em forma de poema. Parece loucura, não?! Mas eu definitivamente era expert naquilo!

Mas dessa vez não era o que eu queria fazer.

Dessa vez, eu não achava que aquilo fosse verdade. O fato de eu ter acertado mais respostas sobre Howard não significava que eu o amasse mais ou melhor do que ele me amava. Provavelmente significava apenas que minha memória era melhor para detalhes e acontecimentos, que eu me dava melhor em

---

[10] Heather foi legal e lhe deu meio ponto em uma pergunta sobre qual hábito seu eu eliminaria se pudesse. Eu respondi: "Nenhum. Howard é único, aceito todos os hábitos, bons e ruins." Howard respondeu: "Jenny me acha perfeito." Ele disse isso como uma piada, mas mesmo assim estava certo. Não ganhou o ponto inteiro porque Heather me fez dar outra resposta, e oficialmente nossas respostas não bateram no fim das contas. Mas ela foi legal e deu a ele meio ponto, de qualquer jeito. E, diga-se de passagem, ele precisava de toda a ajuda possível.

HOMENS SÃO ESTÚPIDOS 171

testes (obrigada, mamãe!) e que eu fazia questão de saber qualquer detalhezinho a respeito dele porque eu o amava. Repito, eu estava muito satisfeita com minha pontuação e feliz porque Howard fizera minha vontade ao responder o teste, já que tenho quase certeza de que, em outros tempos, ele teria se recusado a jogar comigo, e isso não acontecera. Ele jogou para me agradar.

Verdade seja dita, tudo isso foi uma grande vitória pessoal para mim, não porque não falei sobre as azeitonas ou fiquei chateada com o desempenho pífio de Howard, mas porque essas coisas não me incomodaram. Luto muito para não "globalizar" coisinhas bobas. Foi Howard quem inventou esta expressão; sou mestre em pegar coisas aparentemente mínimas e inocentes e transformar numa bola de neve até achar que elas são imensas. Poderia atribuir grandes significados a praticamente qualquer coisinha. Você não disse "saúde" depois que eu espirrei; opa, isso deve significar que você não se importa se eu morrer. Sim, é loucura. Sei disso. Mas dessa vez eu nem estava lutando contra a loucura, pois ela não estava lá. Consegui perceber claramente que a azeitona e os resultados do jogo não tinham nada a ver com o estado do nosso relacionamento. *Ufa! Isso não aconteceu.*

Comigo.

Alguns dias se passaram, e o jogo dos casais ainda não tinha terminado porque eu decidi, por puro capricho, que seria divertido abri-lo a todos os nossos casais de amigos interessados. Convidei mais de vinte casais para participar e metade aceitou. Todos responderam às mesmas perguntas que eu e Howard, e até prometi um prêmio ao casal vencedor. Howard e eu estávamos conversando na cama sobre isso no dia anterior ao prazo para a entrega das respostas. Eu dizia a ele que estava bem confiante que todas as mulheres fariam muito mais pontos que os homens. (A não ser, talvez, por Chris, o romantismo em pessoa; pelo que sabíamos, ele podia acertar quinze de dez.) Eu simplesmente acreditava que as mulheres são mais detalhistas e se lembram melhor das pequenas coisas. Acho que a ideia de conhecer alguém, ou mesmo de alguém conhecê-lo, é muito importante para as mulheres. Só sei descrever isso como uma mistura de ternura, segurança e a ideia de que não estamos sozinhos porque alguém sabe nosso sabor de sorvete favorito. Howard concordou, e o provoquei falando que alguns caras já haviam feito mais pontos que ele, mas provavelmente eles não tinham tanta aversão a testes. *Ih, o Howard detesta testes tanto quanto eu detesto azeitonas. Ai, que fofo!*

Foi aí que cometi um grande erro.

Juro que foi sem querer, eu não estava preparando uma armadilha para ele. Não tinha segundas intenções (que admito talvez ter tido com toda a história da azeitona que nos colocou nessa odisseia, ou seja, nesse jogo). Eu disse:

— Bom, pelo menos a gente poderia gabaritar se fizesse o teste de novo.

Então citei o fato de que seu primeiro beijo fora aos 12 anos, com Pamela Hoberman. Eu até soletrei "Pamela Hoberman" para provar que aquilo estava gravado na minha memória.

A reação de Howard foi um silêncio estranho. Eu perguntei:

— O que houve? Você não decorou meu cantor preferido? — Mais silêncio. — Você leu as respostas certas, não leu?

— Claro que sim, mas só dei uma olhada. Estava muito ocupado.

Depois de dois anos, aprendi que se Howard dá uma desculpa imediatamente é porque há algo de podre no reino da Dinamarca.

— Quem é meu cantor preferido, Howard?

Ele não respondeu. Ele não sabia. Não conseguia se lembrar e estava ficando com raiva. Com muita, muita raiva.

— Eu disse que não gostava de testes. — Fiquei chateada, mas decidi deixar essa passar. É verdade: eu sabia que ele não gostava de testes. — Ele deixara isso bem claro no final de seu e-mail de resposta ao jogo, em que dizia que não achava as perguntas claras o suficiente, que não acredita em respostas diretas e que odeia testes, especialmente sob pressão. Eu já tinha progredido muito e não queria que tudo fosse por água abaixo.

Mas não pude evitar pensar: *uma coisa é não saber as respostas corretas, mas como ele podia não estar nem aí depois de tudo? Não significava nada para ele o fato de que, se alguém me perguntasse no meu leito de morte em quem Howard dera seu primeiro beijo, eu poderia responder, com meu último suspiro, "Pamela Hoberman, doze anos, acampamento judaico. Ela tinha belos..."?*

Senti uma agitação dentro de mim: a loucura tinha acabado de acordar e estava se espreguiçando em sua cama quentinha, mas havia uma chance de que voltasse a dormir. *Não vale a pena*, pensei. *Eu não deveria ter perguntado. Foi burrice minha. Estamos tensos e cansados escrevendo este livro. Howard tem trabalhado demais. Ele estava ocupado. E nem queria fazer o teste, mas fez. Ah, viu, talvez ele estivesse certo. Talvez seja só um teste. Não significa nada. Lembra que você foi ao escritório do Howard ontem e ele pendurou um lustre com fitas cor-de-rosa no teto para te receber? Ele sabe que você gosta de lustres e fitas cor-de-rosa!* Ele também me deu um cartão de boas-vindas bonitinho, com um pinguim brilhante sentado sozinho num iceberg, que dizia: "Onde eu estaria sem você?", e quando você abria o cartão, estava escrito: "Estaria procurando você." E daí que Howard não sabe quem é meu cantor preferido? Eu não tinha dúvidas de que ele me amava e queria estar comigo. Não tinha dúvidas. Nenhuma.

E assim a loucura voltou a dormir, e desci para terminar meu trabalho.

Alguns minutos depois ouvi um barulho vindo lá de cima (Howard gritando "MERDA" e possivelmente socando um travesseiro. Então ele veio pisando duro pelo corredor, até o meio das escadas. Estava com muita, muita raiva. Disse que se sentia como se eu ainda o estivesse testando — apesar de

174   MULHERES SÃO LOUCAS

ter me dito tantas vezes o quanto odiava testes. Sentia que se esforçara tanto para me agradar, principalmente nos últimos tempos, com as flores, o cartão e o lustre, e parecia que eu não levava nada daquilo em consideração. Que não havia nada que ele pudesse fazer para que eu percebesse o quanto ele me amava.

Eu sabia como Howard estava se sentindo porque posso dizer que ele estava "globalizando".

Nem olhei para ele, mas ergui a mão fazendo o clássico sinal de "pare". Em nome do amor. E antes que ele pudesse dizer qualquer coisa, falei com uma voz firme e extremamente controlada: "Howard, não globaliza. Não começa." (Na verdade, na minha cabeça eu estava pedindo, até mesmo implorando: *"por favor, Howard, não faça isso. Desculpe se fui tão burra. Eu não deveria ter perguntado aquilo. Foi culpa minha, e eu não quis provocar nada com aquilo. Estamos cansados, estressados e com os nervos à flor da pele. Você está com dor nas costas, e sei exatamente como é quando suas emoções transbordam como uma onda numa ressaca. Por favor, não globalize isso, pois minha loucura tem sono leve, e se você começar garanto que vou terminar. E você não vai querer isso. Eu não vou querer isso. Acredite."*

Estranhamente, improvavelmente, incrivelmente, eu também senti certa calma naquele momento; era quase como se eu estivesse feliz, porque me sentia muito sã e sensata. Eu não era a louca. (Embora tenha sido estúpida por levantar a questão.) Mas eu não queria um dramalhão e soube como evitá-lo.

Howard voltou para cima sem dizer uma palavra.

Acabou não globalizando, e eu nem precisei começar. Tivemos uma conversa meio breve dez minutos depois, na qual explicamos nossos sentimentos um para o outro. Mas o que Howard não sabia era que eu já entendia muito bem como ele se sentia. Ele tinha a mesma sensação terrível que as mulheres às vezes têm quando estão putas ou insatisfeitas com a forma como são tratadas (quer mereçam ou não). E eu sabia que ele se sentia ainda pior porque suas costas provavelmente ainda estavam incomodando, já que ele não conseguira ficar no banho tempo suficiente. Howard odeia que a gente brigue. Entendo tudo isso e me senti horrível por tê-lo feito ficar chateado por eu ter sido uma idiota.

Mais tarde eu disse a ele o seguinte: "Se eu tivesse acertado um e meio em dez, isso não teria te deixado nem um pouco incomodado? Não estou dizendo que teria te incomodado a ponto de você não se sentir amado, nada nesse nível, mas talvez só um pouquinho desapontado? E, se depois você descobrisse que eu não fizera questão de conferir as respostas certas, você não teria nem uma microminiexpectativa de que eu tivesse conferido? Bom, foi assim que me senti. Nada mais."

Ele assentiu; nos entendemos. Talvez não completamente, mas o suficiente para superar aquilo.[11]

---

[11] Fatos interessantes sobre nosso jogo: As mulheres tiraram notas mais altas que os homens em oitenta por cento dos casos, houve um empate, e Victoria só tirou uma nota mais baixa que Jay porque ela contestou a pontuação dele e recebeu alguns pontos (mas não o suficiente para ganhar). Eles eram os únicos recém-casados.

Tasha e Michael venceram o jogo — Tasha tirou sete e Michael, quatro. Eles estão juntos há 13 anos e casados há sete.

Heather e Eric também tiraram sete e quatro, respectivamente, mas como ela era a apresentadora e escolhera as perguntas não podia ser a vencedora oficial (não se preocupe, ela ganhou um prêmio mesmo assim). Eles namoram há pouco mais de três anos e moram juntos há dois anos e meio.

Chris tirou a nota mais alta entre os homens. Howard tirou a menor. Ah, o Chris...

Houve um empate entre três mulheres com sete pontos (eu, Tasha e Heather), mas extraoficialmente tirei nove (de acordo com Heather), mas não estou me gabando.

Rob e Phil empataram e tiraram notas baixas. O que mostra que dois homens burros também funcionam como casal.

Quando Nadine e Paul responderam há quanto tempo estavam juntos, ambos escreveram a mesma coisa — que fofo! (repare na exclamação depois de "uau"): "Vinte e três anos. Uau!"

Meu irmão já era burro velho quando deu seu primeiro beijo, e eu meio que não queria saber disso.

Os pais de Howard, Larry e Muriel, estão juntos há mais tempo do que todos — cinquenta anos quando este livro foi publicado. Seu irmão Evan e a esposa Adele estão juntos "há um quarto de século", o que mostra que tempo não garante uma pontuação alta.

Entre todos os casais, Howard e eu somos o que está junto há menos tempo: dois anos, onze meses e duas semanas quando este livro foi publicado (o que significa que ainda há esperança para nossa pontuação... Brincadeira, Howard!).

9

O ESTÚPIDO E A CIDADE

O QUE O SERIADO *SEX AND THE CITY* NOS ENSINA SOBRE A ESTUPIDEZ MASCULINA

Em 2008, a versão para o cinema da série *Sex and the City* foi um tremendo sucesso. Em sua primeira semana em cartaz nos Estados Unidos, alcançou uma bilheteria recorde de 57 milhões de dólares. Mas Hollywood já esperava, certo? Afinal, eles costumam fazer pesquisas que revelam qual será o número de espectadores de um filme no fim de semana de estreia medindo a quantidade de pessoas que sabem que ele vai passar e que querem vê-lo. (Isso funciona com precisão, a não ser com filmes "para a família", pois é mais difícil pesquisar entre crianças). Mas com filmes para adultos as previsões se confirmam na maioria das vezes. Segundo o cara que escreve a coluna de cinema do *Los Angeles Times* às sextas-feiras, baseado em suas pesquisas, *Sex and the City* teria sorte se alcançasse 39 milhões de dólares.

Bom, na verdade alcançou 25 milhões a mais.

É uma péssima previsão para qualquer padrão.[12]

Mas dificilmente o cara do *Los Angeles Times* foi o único a errar essa. Quase todos os homens erraram. Palavra-chave aqui: homens.

Sabe quem não errou? Jenny Lee.

---

[12] Mandei um e-mail para Josh Friedman, o colunista, e perguntei: "Qual foi a sua previsão de *Sex and the City*?" Ele respondeu: "Eu devia ter ouvido minha mulher. É um problema recorrente — pergunte a ela."

Apesar de se recusar a prever números exatos, Jenny me garantiu que *Sex and the City* superaria a segunda semana de *Indiana Jones e o reino da caveira de cristal* por uma boa margem. E foi o que aconteceu: uma diferença de *16 milhões de dólares*. Os caras que fizeram as pesquisas disseram que um bando de mulheres de quarenta e poucos anos nunca derrotariam o poderoso Indiana. Palavra-chave de novo: homens.

Eu, é claro, disse que Jenny estava maluca.

Racionalmente — mesmo que de forma um pouco condescendente — expliquei a ela o pensamento daqueles gênios: o filme *Sex and the City* atraía um público de mulheres *acima* de 25 anos. Elas estavam claramente empolgadas para ver o filme. Mas não atraía tanto mulheres mais jovens. Nem de perto. E menos ainda homens. (Homens heterossexuais, para ser mais exato). E para garotos adolescentes, o público mais numeroso e fiel do cinema, bem, o filme nem aparecia em seus radares. Sem esses segmentos de público, você tem um filme de "apelo limitado", eu disse a ela, usando a expressão para mostrar o quanto eu estava por dentro da indústria do cinema.

— Não dá pra estrear com uma bilheteria imensa só com mulheres acima de 25 anos.

— *E quantas mulheres acima de 25 anos existem nos Estados Unidos?* — perguntou ela.

— Muitas, eu acho.

— Tudo bem, na segunda a gente vê, então — disse ela, apenas, e saiu da sala.

Aquilo me deixou pensativo. Parecia que todas as mulheres com quem eu falava — apesar de, como eu previa, a maioria ter mais de 25 anos — queriam ver esse filme. E certamente *Sex and the City* ganhara popularidade desde suas origens como uma série dirigida a um público específico. Até minha mãe assiste às reprises e se tornou uma grande fã. *Minha mãe*. O que significaria muito mais se você a conhecesse. Muriel certamente não seria a primeira pessoa que você imaginaria assistindo a programas que envolvem sexo. Ela também é meio esnobe em relação à cultura de massa e se orgulha por não saber o que é o *American Idol*. Mas, mesmo sabendo que o fenômeno *Sex and the City* atingira minha mãe, *eu ainda acreditava mais nas previsões daqueles caras*. Porque havia provas empíricas, certo? Eles coletaram números. Tipo, mesmo no auge, seu público ainda era menor que a de um sucesso de audiência. E mesmo que as pessoas assistissem à série em DVD ou às reprises já fazia quatro anos que o seriado tinha acabado! Isso é uma eternidade na cultura popular. Até os sapatos que as personagens usavam já estão fora de moda. Eu fechava com o cara do jornal. A bilheteria seria de no máximo trinta milhões.

Bom, eu deveria ter ouvido minha mãe.

Eu deveria ter ouvido Jenny e todas as mulheres com quem falei.

Mas, afinal, ouvir as mulheres nunca foi meu ponto forte.

HOMENS NÃO OUVEM

O negócio é o seguinte: os homens não ouvem as mulheres quando o assunto são coisas que eles não "entendem". Preferimos reclamar do que não entendemos a enxergar do ponto de vista delas. A tragédia, é claro, é que *são exatamente as coisas que desprezamos que deveríamos nos esforçar para entender.* (Falarei mais sobre isso depois.) *Sex and the City* não é algo que entendemos. Como observei anteriormente, os gays são a exceção. Para nós, parece uma comédia sem graça. Um programa sobre sexo com mulheres que você não quer ver fazendo sexo. As personagens sempre saem juntas para almoçar, mas ninguém engorda. Há todas aquelas roupas que nunca vimos uma pessoa normal usar — e nem gostaríamos de ver. E há sapatos e bolsas e compras e trocadilhos e não acontece muita coisa na trama. E já saiu de moda.

Não é assim que as mulheres veem. Elas veem de um jeito totalmente diferente.

Mas é assim que parece *a nós*. E é isso e ponto. Nunca paramos para pensar *por que* as mulheres amam essa série. (O filme *Sex and the City* arrecadou 152 milhões de dólares nos Estados Unidos e 245 milhões no resto do mundo. Para quem está fazendo as contas são quase QUATROCENTOS MILHÕES DE DÓLARES no total.) Então, quando os homens são burros em relação ao apelo do filme para as mulheres, estão sendo burros em escala global! (Mas é reconfortante saber que nossa burrice é traduzida internacionalmente.) No entanto, o maior problema é que muitas vezes mostramos desdém e descaso em relação às coisas que nossas amadas adoram.

Eu sei. Eu mesmo claramente desdenho.

Algumas semanas atrás, eu estava dando uma olhada em nossos DVDs com Jenny ao meu lado. E pesquisei todos os que ela queria ver — *90210, Gossip Girl, Grey's Anatomy, Lipstick Jungle* —, todos bem mulherzinha, e disse *bem alto*: "Quem consegue assistir a essas merdas?" Ao que ela respondeu: "Você sabe que eu tô aqui, né?"

Os homens não são obrigados a gostar de *Sex and the City,* mas declarar que o amor das mulheres pelo seriado é pura estupidez é *pura estupidez*. Não é no mínimo educado aceitar que as pessoas têm gostos diferentes dos nossos? E, mesmo assim, ainda achamos justificável chamar as mulheres de imbecis por gostarem do que elas gostam. E adivinha? Elas não gostam disso. Se você aceitar assistir a um balé, mas arruiná-lo com suas reclamações constantes, posso garantir uma coisa: não haverá sexo na sua cidade.

O IMBECIL NO ESPELHO

FLASHBACK — 2001

Tudo começou com Elton John.

Que fique claro, sou um grande fã do Elton John. Desde que Lisa Lasson me explicou na sexta série o quanto ele era legal passei a acreditar nisso. Tenho vários CDs dele. Vi um show dele em Nova York e depois outro em Las Vegas. E defendo com unhas e dentes que "Your Song" é a canção de amor mais bonita de todos os tempos. Mas nada disso explica onde ele estava com a cabeça quando compôs a trilha para o musical da Broadway *Aida*. Muitos anos atrás, eu estava, junto com minha mulher na época, sua irmã e o namorado dela — hoje marido —, na versão musical que Elton John e Tim Rice fizeram para a ópera *Aida*. Mal eles terminaram a primeira música, percebi que seria uma noite longa e insuportável. (Você sabe que se meteu numa fria quando se pega desejando ter ido à ópera original.) Achei tudo na produção cafona e amador, desde as músicas idiotas com excesso de sintetizadores até os figurinos de seriado de ficção científica dos anos 1960 (não é uma referência que se ouve muito por aí), passando pela coreografia absolutamente constrangedora — se é que dá para dizer isso. Na hora, fiquei aliviado porque pensei que eu claramente tinha um companheiro de sofrimento: o namorado da minha cunhada, David H. O homem que mais tarde se tornaria meu cunhado — mesmo que apenas por alguns anos.

Fico me revirando na poltrona desconfortavelmente, revirando os olhos, fazendo caretas angustiadas, enfim, agindo como se estivesse na cadeira elétrica. E a cada careta, cada virada de olhos, cada expressão de sofrimento, eu encontrava o olhar igualmente aflito de David H. Ele começa a sussurrar no meu ouvido uma lista imensa de coisas na produção que faziam daquele um dos pontos mais baixos de sua vida de frequentador de teatro.

Intervalo.

As irmãs correm para a fila do banheiro enquanto eu e ele vamos à bombonière, esperando que Coca-Cola e brownie nos sustentassem no segundo ato. Então nos distraímos sacaneando a peça e tudo nela. E encontramos as irmãs.

E é aqui que começam meus problemas...

Minha ex-mulher está segurando o CD da peça, que acabou de comprar.

Descubro que as duas adoraram. A música, o figurino, tudo. Compraram o CD para recordar a peça ainda por muito tempo depois de sairmos do teatro. Eu imediatamente ataco a felicidade delas. Critico tudo na produção, incluindo os funcionários dos bastidores, de quem decidi não gostar de antemão. Estranhamente, minhas observações são recebidas com expressões chocadas, olhares surpresos e testas enrugadas de confusão. Minha cunhada se vira para David H. para perguntar o que ele achou. Sem pestanejar, ele responde: "Adorei! É maravilhosa! Tem certeza de que um CD é suficiente? Também quero um para ouvir no meu carro."

O quê?!

Então as mulheres se derretem todas por ele enquanto começam a falar como gostariam de levar um pedacinho do ator Patrick Cassidy para casa. David H. concorda que Patrick Cassidy é um cara bonitão.

Estou boquiaberto: "Mas você acabou de concordar..."

Meu futuro e agora *ex*-cunhado então começa a entrar numa viagem idiota, dizendo como aquele musical lembra os grandes musicais de sua juventude. E tudo o que minha mulher na época fez foi olhar fixamente para mim — com um olhar muito conhecido. Um olhar penetrante que já havia visto tantas vezes que me convenci de que era uma expressão de amor. Mas era só um olhar furioso normal.

Mas o mal já fora causado. Agora eu era o inimigo público número um. O maior estraga-prazeres. E, cara, isso era tão típico de mim... Enquanto isso, o babaca limpava sua barra com as duas irmãs! Tento mostrar que cinco minutos antes o sr. Fã de Musicais não estava tão satisfeito com *Aida*. Mas aquilo só me fazia parecer *mais amargo, mais distante* e *mais inadequadamente puto* com a "maravilhosa trilha musical".

Eu queria matá-lo. E toda a minha ira foi direcionada ao traidor David H. Prometi a mim mesmo que nunca mais confiaria nele. Estava convencido de que ele era a fonte de todo o mal.

Mas o negócio é o seguinte: ele estava certo.

David H.: 1. Howard J. Morris: 0.

E infelizmente para mim aquele momento foi o primeiro de muitos que viriam, em que David H. penderia para o lado do que agradava às mulheres — e eu ficaria sozinho, defendendo meus princípios, do lado errado. Minha manifestação contra *Aida* não serviu para nada além de me pintar como um grande babaca. E nem dá para justificar isso dizendo que havia outra coisa por trás — como em outra vez, quando meu casamento estava indo por água abaixo, eu estava com tanta raiva da minha esposa que fiz sua amiga chorar só porque ela disse que gostava do seriado *The West Wing*.

Foi uma época sombria.

Mas hoje os tempos são outros.

Um novo dia para Howard J.

E todos nós podemos nos redimir, se realmente pegarmos o que aprendemos na marra e transformarmos em ação. Eu prometi que mudaria minha tendência a ser estraga-prazeres. Rezei para um dia ter outra oportunidade de provar que eu podia ser um cara positivo. Revelar meu lado David H. Ser um grande ator na arte de fingir gostar de alguma coisa da qual não gosto por causa de alguém de quem gosto. Mal sabia eu que o maior dos desafios ainda estava por vir. Mas será que eu estava pronto?

O DESAFIO DE *SEX AND THE CITY*

Jenny comprou o DVD no dia do lançamento.

Não haveria como escapar do filme *Sex and the City* na minha casa. Ela disse que queria muito que eu assistisse com ela. (Por quê? Nunca entenderei direito. A loucura é a única explicação que eu encontro para as mulheres quererem a nossa companhia para coisas de que elas sabem que não vamos gostar. Hoje de manhã ela me disse: "Aquela exposição pra onde eu quero te arrastar está sendo supercomentada." Mal posso esperar!)

Mas eu sabia que chegara minha hora.

Talvez o momento para o qual eu passei a vida inteira me preparando. A hora de mostrar que o Howard J. Morris de 2008 não era igual ao Howard J. Morris de sete anos antes. De mostrar que meu amor por esta mulher superava minha necessidade de ser mala. E se amar significava assistir a um filminho chamado *Sex and the City* sem bocejar alto, eu faria isso feliz da vida. Seria uma honra.

— Comprei a versão estendida com cenas extras — disse ela, animada. — Tem doze minutos a mais! Duas horas e 37 minutos no total!

Que ótimo.

Para aqueles que estão fazendo as contas: filminho longo esse.

EU SOU A MIRANDA

Ela se aninha ao meu lado no sofá e aperta o *play*.

Ok, ok, tá legal. Vai ser divertido! Bom, uma recapitulação da série. É útil. Uau, que apartamento legal... Sabe, aposto que ele vai montar um puta closet pra ela... Nossa, Nova York não era tão bonita desde os bons filmes do Woody Allen. Olha, essa fala foi engraçada!...

184 MULHERES SÃO LOUCAS

Estou rindo! Não acredito, mas estou me divertindo. Realmente evoluí. Estou orgulhoso de mim mesmo.

Ela sorri para mim. Eu sorrio de volta. Estamos bem.

Ah, isso não é bom. Ela está experimentando vestidos de noiva. Um monte de vestidos de noiva. É uma sequência longa demais de vestidos de noiva... É sempre bom ver a última moda para noivas, certo? E quando acabar esta cena voltaremos à trama. Acabaram as cenas de roupas, certo?

Ela pega minha mão e aperta carinhosamente. Aperto a dela também. *Estou aqui com você, querida.*

Ai, meu Deus, mais cenas de roupas. Agora todas as mulheres estão experimentando roupas... Olha, a Miranda está com uma roupa engraçada dos anos 1980... Esta é a versão estendida, certo? Ok, mais roupas...

— É legal ver as meninas todas juntas de novo, né? — diz ela.

— É legal! — digo. Sou bem convincente. Tenho certeza de que ela engoliu.

Opa, Mr. Big está em dúvida... Acho que ele vai largar a Carrie no altar... Ele larga... Agora ela vai tomar satisfação com ele na rua e esmaga flores em sua cabeça... Nossa, a cena foi boa. Tem emoção, conflito... Estou ansioso para ver aonde isso vai dar.

Vai dar no México.

Ela está deprimida, num fabuloso resort no México... Nossa, quanto será que custa a diária de um quarto desses?... Nada de mais acontece... Ela ainda está deprimida, e uma delas está comendo pudim... A outra não depilou a virilha... Bom, ainda no México... Ainda deprimida... Ah, não. Ela acabou de dizer que está num "Mexicoma"?

Eu estremeço. Ela percebe. Esfrego os olhos como se estivesse entrado alguma coisa neles. Ela vira de novo para a TV. Tenho que me lembrar de ficar atento. Se o bocejo escapar, todo o meu esforço terá sido em vão.

Ainda no México... A trama vai avançar em algum momento? Alguma coisa vai acontecer, certo? Não dá para ter um filme em que nada acontece... Ou dá?

Ela se vira para mim com um olhar que diz: "Eu sei o que você está pensando, querido." Então ela explica, alegre: "Elas estão vivendo suas vidas." Como se isso realmente explicasse alguma coisa.

Legal, de volta a Nova York. Adoro o outono em Nova York... Dez minutos sem trama depois e estamos em Nova York no inverno... Alguma coisa vai acontecer, certo? Ei, cadê o Mr. Big? Ah, ele está sozinho na véspera de Ano-Novo... Ah, olha lá aquela menina do American Idol... *Agora é primavera, alguma coisa vai acontecer com certeza. Ah, não, elas vão a um desfile de moda... Não, não pode ser... Meu Deus... Mais uma cena com roupas!*

Dou uma cabeçada de sono.

Eu não queria dar uma cabeçada, mas dei. O queixo bateu no peito por causa de mais uma cena de roupas. Enquanto eu me concentrava para não bocejar sem querer revirar de olhos, esqueci da *cabeça!* Levanto instantaneamente, mas Jenny percebe. No flagra. "Tudo bem, você não precisa assistir", disse ela, sem raiva e quase solidária. E estou tentado a aceitar sua oferta, de verdade. Mas sei que se eu subir e for assistir outra coisa na TV nunca serei o cara que ela deseja, que não estraga tudo. Serei "esforçado" em vez de "maravilhoso", e apesar de não ser a mesma mancha no meu currículo que foi *Aida*, também não demonstrará grande progresso. "Não, não", digo, sinceramente. "Só fiquei meio entediado de assistir mais uma cena de roupas." "Mas você tem que ver a moda de primavera!", diz ela, como se fosse óbvio e eu tivesse sorte de ela ter me alertado. "Certo. A moda de primavera", disse eu, talvez não da maneira convincente de um grande ator, mas do jeito desesperado de um homem que está se esforçando até a morte. Pego sua mão e foco novamente na tela. Mas sua mão está vacilante e mole... Percebo que ela está em dúvida quanto a mim e toda essa missão. Pego sua mão com firmeza e fixo meu olhar na passarela, em Samantha e Charlotte. Finalmente, sinto sua mão apertar a minha como antes. Dou uma olhada e vejo que ela está focada em seu prazer novamente.

Consegui contornar a cabeçada.

É algo que poucos homens conseguem fazer.

Agora só preciso aguentar os próximos cem minutos de filme...

Vou focar em coisas positivas! Vou encontrar coisas para gostar; é isso que farei! Vou sugar prazer da tela! Nossa, o filme é tão longo que não tenho que me preocupar com o que farei no resto do dia! Isso é bom. E sabe de uma coisa? Esse tal de Mario Cantone é um gay engraçado. Mais do que o outro gay, que não acho que seja gay na vida real... Também gosto de Evan Handler. Eu me lembro de tê-lo visto em várias peças em Nova York nos anos 1980. Me pergunto se ele não vai dizer alguma coisa. Ele aparece em várias cenas, mas parece que não querem muito que ele fale... Ah, aqui está ele falando, na cena do hospital! Isso aí, Evan, sua grande cena! Nossa, essa acabou rápido... E por falar em Nova York nos anos 1980 lembro de ver Cynthia Nixon, a Miranda, numa peça no festival de jovens autores, e ela estava fantástica. Fiquei apaixonado por ela. Isso foi quando ela era loura e ainda não era lésbica. Lembro que ela estava em duas peças na Broadway ao mesmo tempo. Ela trabalhava em uma com William Hurt e em outra com Jeremy Irons. A peça com William Hurt era bem longa. Será que durava tanto quanto o filme? Me pergunto se ainda vou entender a história se só olhar o canto esquerdo da tela... E entendo!

Ela me cutuca. O quê? O que aconteceu?

Olha, ela está no cartório e está rindo com as meninas! E Mr. Big está lá! Agora elas estão jantando. Estão bebendo drinques cosmopolitan... e sobem os créditos! Acabou!

Consegui!

Ou será que não?

Qual é o veredicto? Ela olha para mim e sorri. Mas o que significa esse sorriso? — além de ela ter adorado a versão estendida? *Ai, meu Deus, ela não vai pedir para eu falar o que achei do filme, vai?* (Semana passada ela me perguntou com qual personagem eu achava que ela parecia mais. Eu fiquei totalmente perdido. "Amanda...?") Deus, o que ela ia dizer?

— Acho que você deveria receber um diploma de bom namorado pelo correio ou coisa parecida — sorri.

Vitória!

POR QUE ELAS ADORAM E POR QUE ISSO IMPORTA

Como eu disse antes, *desprezamos abertamente as coisas que deveríamos nos esforçar para entender.* Quando Jenny Lee voltou para casa depois de ver o filme no cinema, ela me disse: "Parece um episódio longo em que nada muito importante acontece." "Então é horrível?", disse eu. "Não, eu AMEI! Mal posso esperar para ver de novo!" *Por quê?* "Eu adoro as personagens, e foi bom vê-las de novo."

As mulheres simplesmente são diferentes dos homens.

Em primeiro lugar, elas são melhores que nós em amar. E mais leais. Mesmo quando o objeto de sua afeição são *personagens inventados*, é um amor inabalável. E o relacionamento entre o público e essas personagens é apaixonado. E não há nada de que as mulheres gostem mais do que um bom relacionamento! Então, enquanto esperamos que algo exploda, elas estão criando uma ligação com os personagens na tela. O interessante é que os homens também sabem o que é ser um fã apaixonado. Pense na forma insana com que nos sentimos conectados com nossos ídolos do esporte, que nos eletrizam e torturam na mesma proporção. Eu poderia dizer que nosso Michael Jordan é o que Samantha Jones é para elas. Mas a questão não é entender isso de acordo com nossa visão, *mas com a delas.*

Você não precisa gostar do que sua mulher louca gosta, mas não *querer* entender seus gostos é loucura. Isso mostra nossa incapacidade de alcançar as entrelinhas — ou, o mais importante, de alcançar as próprias mulheres. Sim, estamos falando de intimidade aqui, rapazes — aquilo que ela tanto deseja e que te dá dor de cabeça só em ouvir falar. Mas quanto mais você entender o mundo *além do seu*, maior será sua capacidade de se conectar com ela. E sua capacidade de amar de um jeito maior que você mesmo, de um jeito que significa tudo *para ela*.

Ela tem que fazer o mesmo por você, é claro. Tem que ultrapassar os mesmos obstáculos para conhecer o seu mundo. *Mas as mulheres geralmente fazem isso, e os homens não.* E isso torna as mulheres malucas. E os homens que não fazem isso são irremediavelmente estúpidos.

Recentemente, saiu a notícia de que querem fazer um segundo filme de *Sex and the City*.

Comecem a preparar seus cosmopolitans, rapazes.

RESPOSTA DA JENNY

A LOUCA E A CIDADE

Já vi todos os episódios de *Sex and the City*. Duas vezes. Primeiro, quando eu morava em Nova York, aos vinte e tantos anos (era a única noite em que alguém podia me encontrar em casa vendo TV). E então quando voltei a Nova York, aos 34, depois de terminar um casamento de quase cinco anos que me levara ao infeliz erro de me mudar para Boston logo depois do casório. Quando vi todas as temporadas do programa pela segunda vez, a experiência foi totalmente diferente, pois agora eu tinha a mesma idade das garotas e curti ainda mais. Agora, eu também podia me considerar uma guerreira quando o assunto era buscar o amor, encontrar o amor, perder o amor, casar, se divorciar, e voltar à estaca zero. Acredite, ter trinta e poucos anos na cidade é bem diferente de morar lá quando você está na faixa dos vinte. (Significa mais dívidas no cartão de crédito, porque seus gostos ficam mais caros e você entende perfeitamente que os homens vêm e vão, mas as amigas sempre estarão por perto.)

Um dos meus episódios favoritos é aquele em que a mãe da Miranda morre, e ela tem que comprar um sutiã para ir ao enterro e acaba chorando nos braços da vendedora. Aquilo realmente me tocou porque destaca uma das melhores coisas de se morar numa grande metrópole, que são aqueles momentos de conexão com estranhos que fazem você se sentir parte de algo maior do que o seu próprio mundinho. São esses momentos em que você depende da gentileza de estranhos que aparecem justo quando você precisa que te fazem entender que estamos todos no mesmo barco. Agora, sete estranhos anos depois, eu tive meu próprio episódio de explosão emocional aleatória numa loja de lingerie da minha própria cidade.

Você nunca acha que será aquela garota que confessa seus pecados para a vendedora, uma total estranha, mas lá estava eu, no provador de uma loja de departamentos de Beverly Hills, fazendo exatamente isso. Ela me ajudava a escolher um sutiã que fosse perfeito para o vestido que eu usaria num casamento naquela semana. Eu esquecera de levar o vestido para a loja, então simplesmente apostamos em alguns modelos, esperando o melhor. Enquanto ela vasculhava as araras e pegava os sutiãs para eu experimentar, eu a seguia como um carneirinho e conversávamos.

Eu falava numa voz baixa e reverente:

— Acabei de ver as botas mais fantásticas do mundo.

Ela olhou a enorme sacola de compras que eu carregava no ombro.

— Tudo bem, comprei. Mas aconteceu tão rápido. Era como se eu estivesse possuída. — Na minha cabeça, eu via o letreiro de cinema iluminado: *Compradora zumbi 3: As botas do demônio.*

Ela sorriu educadamente, já que seu trabalho era me ajudar a escolher um sutiã, e não estava escrito em lugar algum que ela tinha que aguentar uma cliente louca confessando seu último pecado de compras.

— Meu namorado vai me matar. Estou morta. — *Compradora zumbi 4: Morta pelo namorado* — *DE NOVO* — desta vez sem letreiro, pois saiu direto em DVD. Mais uma vez, ela não disse nada, mas me lançou seu melhor olhar solidário, no estilo "todas já passamos por isso, querida, vai passar".

Teria sido o momento certo para deixar a questão pra lá, mas eu obviamente entrara no dilema por causa da minha falta de comedimento, e continuei falando como um trem descontrolado.

— A questão é: conto para ele? Ou escondo as botas no armário? Meu Deus, não acredito que estou escondendo coisas no armário. Não quero ser assim. É claro que já aceitei o fato de ser uma mulher que compra coisas e deixa a sacola na mala do carro até ter certeza de que escolheu certo, mas não sou do tipo que esconde para sempre, levando uma vida dupla. — Tentei me consolar sabendo que só por pensar em escondê-las no armário tecnicamente eu ainda não era esse tipo de mulher... Até que eu realmente as escondesse. Certo?

— Hmm, será que eu devo simplesmente dizer a verdade a ele? — quando fiz essa pergunta, me dei conta de que poderia ter perguntado se deveria devolvê-las enquanto o recibo ainda estava fresquinho na minha carteira, mas eu ainda não estava pronta para aquilo.

Finalmente ela falou, provavelmente percebendo que seria a única maneira de me fazer calar a boca.

— Ele não vai entender, mesmo se você contar. — Era óbvio pelo seu tom de voz firme que aquilo era tudo o que ela tinha a dizer. Então ela me levou ao provador e disse para eu chamar se precisasse de alguma coisa.

Isso foi tudo o que consegui. (Acho que meu momento de choro no ombro de uma vendedora aleatória na cabine não aconteceria, pelo menos não naquele dia.)

Quando comecei a experimentar os sutiãs que ela trouxera para mim, não consegui evitar pensar no que a vendedora havia dito. Compras sempre foram e sempre serão um assunto muito complicado entre homens e mulheres, então fiquei fascinada com a abordagem dela, de uma frase só. Ao dizer que ele jamais entenderia mesmo se eu contasse, ela estava afirmando que não fazia sentido contar ao meu namorado sobre as botas, porque ele não entenderia de forma alguma; então seria um esforço inútil, e eu deveria simplesmente escondê-las dele? Ou será que ela só estava tentando transmitir uma verdade maior e mais profunda: os homens não entendem nossas compras?

Eu adoraria apontar este tópico como mais uma área em que os homens são idiotas, em primeiro lugar, levando assim as mulheres à loucura. No entanto, acredito ser mais justo admitir que, quando se trata de compras, a loucura começa com as mulheres. Apesar de ser estupidez os homens ficarem putos com as compras depois de elas terem sido feitas, pois isso só exacerba uma situação já delicada e pode fazer as mulheres acabarem escondendo coisas.

Perguntei-me se era possível um homem entender o que uma mulher sente em relação a compras, principalmente porque a maioria deles parece fechar a cara assim que vê uma sacola. Mas se os convencêssemos a escutar a história, de como acabamos comprando aqueles óculos escuros novos se já temos tantos outros, será que eles entenderiam? Pensei nas botas e decidi que seria melhor simplesmente contar a Howard a história toda.

Em minha defesa, digo que sabia desde o começo que não deveria tê-las comprado. Eu sequer estava procurando botas especificamente, mas, bem, acho que, como mulheres, sempre estamos procurando botas. Mas juro que não estava conscientemente em busca de botas naquele dia. Era minha amiga Zander que queria comprar uma bota. Na época, ela estava trabalhando como roteirista de um novo programa de TV de sucesso sobre um monte de lésbicas fashionistas, e repentinamente se pegou desejando coturnos. Peguei no pé dela, dizendo que ela estava sucumbindo à pressão subliminar de suas colegas lésbicas, porque nada é mais lésbico e chique que coturnos.

Bem, estávamos olhando as vitrines e eu cumpria meu dever, apontando as botas bonitinhas de que Zander poderia gostar e aí... eu as vi. Elas eram fantásticas. Botas de um preto fosco, em couro macio até os joelhos, com os lados unidos por tiras de couro que subiam cruzadas, circulando o cano, até se unirem vistosas em cima, em um dos lados. As imagens que me vieram ao cérebro eram um campo de tulipas, sapatilhas de balé e a última cena de *Um sonho de liberdade*, em que Tim Robbins finalmente escapa da prisão e fica de braços abertos em estado de graça. Eu não conseguia acreditar; finalmente havia encontrado as botas perfeitas para vestir minhas panturrilhas grossas! (Eu sempre tive um problema de panturrilhas grossas em relação às botas. É o segredinho que escondo por vergonha. Não posso usar a maioria das botas de cano longo porque as batatas das pernas não cabem nelas. Triste, mas é verdade.)

Então Zander escolheu uma das botas, viu o preço na etiqueta e balançou a cabeça como se dissesse: nem pensar. Joguei minhas mãos para o céu; onde ela estava com a cabeça? Ninguém deve olhar o preço primeiro! Pergunto: "É caro, é?" E ela responde: "Você nem imagina." Por ser uma boa amiga, ela me fez olhar o preço. Ai. Eram caras. Caríssimas, uma loucura. Ela faz um gesto indicando que eu continue andando e não toque as botas sob circunstância alguma. Respiro fundo; ela tem razão. Seguimos em frente. Vemos um par de botas de cano curto com umas fivelas superlegais, e Zander se sente tentada a experimentá-las. Dentro da minha cabeça, repito como um mantra: "Experimenta. Experimenta. Experimenta." Eu tinha esperanças de que, se ela experimentasse, eu teria uma boa desculpa para provar minhas botas de tiras num ato de solidariedade feminina. Amigas não deixam as outras experimentarem sapatos sozinhas. Mas ela se manteve firme e não quis. Fiquei triste, mas sabia que era melhor assim.

Além disso, eu estava sem grana. Eu não estava escrevendo muito ultimamente. A economia estava em crise. EU NÃO PRECISAVA COMPRAR BOTA ALGUMA. NEM MESMO AS BOTAS QUE CERTAMENTE FORAM CRIADAS POR DEUS. Zander e eu passamos para a seção de cosméticos, e pensei em comprar um batom como prêmio de consolação. (Que pena você não ter levado suas botas dos sonhos hoje, mas pelo menos seus lábios ficarão brilhantes quando estiver chorando no travesseiro essa noite.)

Quando Zander precisou ir embora, não pense que ela simplesmente me deixou lá, como uma bulímica numa loja de chocolates; não, ela me fez prometer que se ela saísse ficaria tudo certo. Garanti a ela que eu estava bem. E estava mesmo. O plano era manter distância da seção de sapatos, terminar minhas outras compras e então cair fora da loja. Simplesmente entrar no carro e dirigir até que as botas fossem uma memória distante.

Estou mentindo. Bem, não em tudo. Meu lado são, que não é bem um lado, mas alguns neurônios destoantes, era a favor do plano de ignorar as botas. Mas meu outro lado, meu eu verdadeiro, sabia que eu não podia evitar vê-las novamente. Mas eu estava com medo. Medo de que elas fossem ainda mais bonitas do que eu pensava. Medo de que talvez elas não fossem as botas que mudariam minha vida (na verdade, eu já tinha alguns pares desse tipo), mas que talvez aquelas botas fossem a minha vida.

Assim que entrei na seção de sapatos, eu o vi.

Éramos dois estranhos cujos olhares se cruzaram na pista de dança lotada. A música ficou mais baixa e fomos caminhando no ritmo da batida, até nos encontrarmos perto DA BOTA. Olhando para mim, ele perguntou: "Que tamanho?", como se me tirasse para dançar. Quase fiquei vermelha e dei meu melhor olhar de "Quem, eu? Está me chamando para dançar?" e respondi: "38." Eu não tinha forças para negar e nem podia culpar o fato de meu corselete estar tão apertado que diminuía minha pressão no cérebro e não me permitia pensar direito.

Afundei no sofá macio e esperei. Eu era a Cinderela. Não, eu era a Cinderela antes de saber que era a Cinderela. Eu era apenas uma das milhares de garotas que por acaso estão numa seção de sapatos de uma das milhares de lojas de departamento do país, esperando seu sapatinho de cristal. Rezando para baterem na porta e serem os mensageiros do rei me presenteando com a bota mágica que possivelmente mudaria minha vida para sempre. "O quê? Sou uma princesa de verdade? Sério? Que ótimo para mim."

Prendi a respiração e olhei de novo, tímida e discretamente, para as botas no mostruário, e imaginei uma das flechas do Cupido acertando meu coração. Na mosca. Tudo ficou claro, e tive certeza de que, se aquelas botas estivessem se afogando num lago, eu arriscaria minha vida para salvá-las. Eu lutaria contra a corrente, o vento, as ondas, o lixo flutuante, os tubarões, as baleias assassinas, a ressaca (tudo bem, sei que não há ressacas, tubarões ou baleias assassinas em lagos, mas, enfim, acompanhe a linha de raciocínio) e eu nadaria e nadaria, mergulharia e mergulharia, até salvar aquelas botas de um frio e encharcado destino. (Meu Deus, só de pensar o que a água poderia fazer com um couro tão bonito... é horrível demais para imaginar...)

Quando ele chegou com a enorme caixa das botas, me sentei com a postura bem reta. Estava nervosa. Estava tendo vertigens. Minha boca ficou seca de tanta expectativa, e eu lambia os beiços, como uma viciada em cocaína esperando na fila da porta da boate onde conhecerá seu futuro marido ao som de uma música da Madonna do início dos anos 1980.

Elas serviram. Não do jeito normal, tipo "Acho que é esse tamanho mesmo". Eles serviram como se eu tivesse nascido 37 anos atrás em Nashville, no estado do Tennessee, com o único propósito de morar em Los Angeles em 2008 e experimentar essas botas. Como se cada experiência da minha vida tivesse servido para me levar àquele exato momento, àquele exato lugar. Era como se eu fosse o personagem principal de um daqueles livros em que você pode escolher o fim; é só ir ao final da página onde está escrito: "Se escolheu ir para a festa com Jimmy, vá para a página 27. Se escolheu entrar para o clube da castidade da escola, vá para a página 38." Você sabe que se pular para qualquer uma das páginas que escolheu o rumo da sua vida e o fim da história serão totalmente diferentes.

É aqui que começa a cena de moda do filme: o último sucesso da Pink começa a tocar e vemos a mim, em uma versão supermagra para cinema, é claro. Toda montada com calças de couro, usando essas botas, andando por uma rua em Paris; eu, com calça jeans justa, camisa xadrez e botas, domando um cavalo selvagem num rancho no Novo México; eu, com meias de seda pretas e brilhantes e uma maravilhosa blusa de organza, e estas botas, enquanto danço num palco com Archie, Veronica e Betty. (Bem, a cena é minha e, se eu quiser dançar "Oh Sugar" com personagens de desenho animado, você não pode impedir.) Estou com as mesmas botas enquanto corro no meio dos carros para salvar uma criancinha que corria atrás de um cachorrinho. Salvo a vida dos dois por pouco, quase sendo esmagada por uma enorme caminhonete, e depois deu uma entrevista para o telejornal por causa de meus feitos heroicos e altruístas. A primeira coisa que a repórter pergunta é: "Que botas fantásticas, onde você comprou?"

Pois é, mas... Não havia chance alguma de Howard entender. Ele é o cara que detesta cenas de moda quando elas não contribuem para o desenvolvimento da trama de um filme. Eu podia ouvi-lo em minha cabeça: "Sua cena é confusa em termos dramatúrgicos. Desenho animado? Tá de sacanagem, Jenny?"

O estágio de barganha foi veloz e furioso. Eu me prometi ser ainda mais rigorosa com a dieta. Escreveria como uma mula, dia e noite. Plantaria uma árvore e reciclaria mais. Não seria tão mão de vaca com os biscoitos do meu cachorrinho. Prometi ser uma pessoa melhor de modo geral se simplesmente pudesse ter aquelas botas.

Foi aí que lembrei do meu cartão de crédito de emergência.

Esse "cartão de crédito de emergência" significa que eu já tive uma dívida imensa no cartão e não era mais confiável com este tipo de recurso. Agora tinha apenas este cartão que era, bem, para emergências. (É claro que eu tinha um cartão do meu namorado, mas sabia que comprar botas com o dele seria praticamente assinar minha sentença de morte.) Aquele cartão não era usado fazia dois anos. Era apenas para emergências. Emergências como ser sequestrada, escapar de um porão sujo e escuro e ter que voltar do Cairo, onde eu teria sido vendida como escrava para fabricar suvenires vendidos em lojas de conveniência de beira de estrada nos Estados Unidos. O cartão não era para emergências de moda (embora isso fosse uma ideia incrível), mas, repito, servia estritamente para casos de vida ou morte e fugas da escravidão.

Pensei em esquecer as botas. (Elas já eram minhas de coração, e eu sabia que, mesmo se eu não as comprasse e outra mulher o fizesse, ainda seriam minhas.) Pensei que se as deixasse para trás seria como deixar um pedacinho de mim com elas. Na verdade, imaginei que esse pedacinho de mim poderia ser o pedacinho cuja falta me levaria à morte. (Não estamos falando de apêndices, amídalas ou do segundo rim, mas de um órgão vital. Sem o qual eu morreria.) Não estou falando que acredito realmente nisso, mas eu sentia como se fosse verdade.

Isso foi definitivo. Era questão de vida ou morte. E agora dependia de mim ter um final feliz hollywoodiano ou um triste e trágico. E eu não ia viver minha vida como se estivesse num daqueles filmes independentes deprimentes, que não apenas se recusam a ter um final feliz, mas têm de propósito o mais horrível que você possa imaginar. Eu sabia o que tinha que fazer. Usei meu cartão de emergência.

Se eu fosse um homem, teria sido um clássico ato de estupidez, e eu definitivamente teria sido acusada de não estar pensando direito. Mas não sou homem, e a única coisa que me deixava culpada era ter pensado demais nas botas. A loucura me dominou. Cada sentimento e emoção que eu acabei de demonstrar era a verdade e nada mais que a verdade, e que o Deus dos sapatos me protegesse. Foi exatamente isso o que aconteceu, passo a passo: se tudo aquilo fosse apenas coisa da minha cabeça, não seria menos verdadeiro, certo?

Quando paguei meu sutiã novo, tive problemas para olhar nos olhos da vendedora. Fora ela quem me fizera pensar nisso tudo, e, por mais que eu quisesse obter um final igual ao do episódio de *Sex and the City* e que ela tivesse encarnado Sarah Jessica Parker, a Carrie, e me garantisse que tudo daria certo, eu sabia que teria que enfrentar a barra sozinha.

Eu estava tentada a dizer que decidira abrir o jogo com meu namorado sobre as botas. Que fora uma emergência e basicamente um caso de vida ou morte. É claro que eu já sabia a resposta dele: "Basicamente um caso de vida ou morte? É sério? Então você está dizendo que estava prestes a morrer por causa destas botas aqui? E você reclama comigo que eu não sei usar a palavra 'ironia'?!"

Hmmmm... bem, talvez não funcionasse. Talvez eu dissesse que quando perdermos nossa casa depois de ele pagar minha fiança — já que terei sido presa como devedora —, ficaríamos felizes por viver em um clima quente, e que dormir na praia não é tão ruim quanto parece. Talvez eu até pudesse dizer a ele para me deixar na prisão. Eu ficaria bem. Sou sociável, então faria amigos. Ou poderia simplesmente fugir para um lugar mais fresco, onde pudesse usar as botas o ano inteiro. Ou simplesmente ir até a casa de Zander. Sabia que ela concordaria feliz em abrigar uma fugitiva no quarto de hóspedes. Eu nem teria que me explicar. Ela veria a sacola e me levaria para o andar de cima imediatamente.

Tudo bem, talvez eu estivesse fazendo tempestade em copo d'água. Uma coisa que eu sabia era que, em termos de namorado, eu tinha um bem cabeça aberta. Afinal, ele era um roteirista, e entendia os dramas da vida real. Na verdade, ele assistira ao filme de *Sex and the City* comigo apenas alguns dias antes. A versão estendida. E não dormiu. (Mas quis se matar.) Então não é a minha história de compras maluca que embolaria o meio do campo. (Ou seria o meio-campo? Ou meio de campo? Viu, estou melhorando com analogias esportivas.) Só vou dizer a ele para pensar nisso como uma doença, e que hoje tive uma recaída.

Mas então pensei no preço. O quanto seus olhos saltariam quando eu lhe contasse. Mesmo que eu arredondasse para baixo ainda seria caro. O truque era encontrar a metáfora que despertasse mais pena. Se eu conseguisse um atestado médico dizendo que uma parte de mim morreria sem elas... (Apesar de que, se não fosse a parte responsável pelo sexo oral, ele provavelmente não se importaria.)

Eu não disse nada sobre as botas para a vendedora. Ela só me agradeceu pela compra e me desejou boa sorte no resto do dia. Isso fez com que eu me sentisse melhor. A cumplicidade feminina nunca é tão poderosa como quando o assunto são compras. Eu sabia que ela queria que eu tivesse um final feliz com as minhas botas. Eu sabia disso e desejava o mesmo para ela.

No carro, voltando para casa, comecei a me preparar. Eu conseguiria. Tudo ia ficar bem. Se ele dissesse: "Ficou maluca?", eu tinha agora pelo menos quinze metáforas para testar.

Quando cheguei em casa, ele estava mal-humorado e cansado, vendo um jogo de futebol na TV. Rapidamente concluí que não era a hora certa. Afinal, ele me vira entrar com várias sacolas de compras, mas não perguntara nada. E não respondi nada porque não tinha o que dizer.

Me ocorreu que se eu contasse toda a história corria o risco de não apenas ele me achar mais maluca do que imaginava, mas de também me achar estúpida. Afinal, eu não tinha dinheiro para comprar as botas. Eu não precisava das botas e certamente não devia ter comprado botas que poderiam causar efeitos adversos ao meu relacionamento atual. Eu só podia ter merda na cabeça, não é?

Na manhã seguinte, li seu capítulo "O idiota e a cidade" e vi que este homem realmente estava se esforçando para entender algo que poderia nunca conseguir. Parecia que compreendera um pouquinho, mas acho que não saberemos até ele ler isso, meu próprio episódio particular de *Sex and the City* (a história de Jenny Lee), o episódio sobre as botas. Sim, essa seria a prova final para qualquer homem. É possível entender como as mulheres pensam sobre compras? Está decidido. Deixarei Howard ler isso, e assim ele saberá que não tem mais a mesma namorada de um dia atrás. Ontem eu era apenas uma louca varrida, hoje sou a louca varrida com botas fabulosas.

E sim, prometo acrescentar um epílogo contando o que aconteceu depois — se ainda estiver viva, claro.

EPÍLOGO

Tudo o que você precisa saber é que ele levou meio capítulo para juntar as peças. Parou de ler e olhou para mim.

— Peraí, você *comprou* mesmo?

Eu não tinha certeza do que dizer, porque, bem, era a história que ele deveria ler. É claro que eu tinha comprado.

— Você está puto? — perguntei. Ele balançou a cabeça e continuou lendo. A primeira coisa que disse ao terminar foi:

— Está muito bom. Mas, claro, você não me vê tendo que comprar alguma coisa para escrever um capítulo. — Eu já esperava o sarcasmo, então dei um riso forçado e engoli. Mereci.

— Você está puto? — perguntei novamente. Ele voltou a dizer que não, mas dessa vez de um jeito que definitivamente mostrava que ele estava puto. — Você está puto, eu sei que está. — Ele continuou negando e deixou o assunto morrer antes que eu provocasse a briga que eu mesma queria evitar.

Mas, acredite, ele estava puto. E o motivo pelo qual sei disso, e pelo qual os homens nunca conseguirão entender completamente o que se passa na cabeça de uma mulher quando faz compras — apesar de eu ter acabado de escrever cinco mil palavras que explicam isso nos mínimos detalhes — é muito simples: ele nunca pediu para ver as botas.

É sério.[13]

---

[13] Se as leitoras quiserem ver uma foto das botas, por favor, mandem um e-mail para crazyjennylee@gmail.com e eu ficarei feliz em enviar. E quando vir minhas botas incríveis sinta-se à vontade para escrever para Howard e dizer a ele o que achou: stupidhoward@gmail.com.

10

EMPATIA COM A MALUQUINHA
COLOCANDO-ME NO LUGAR DELA

HOJE NÃO FOI UM DIA ESTÚPIDO qualquer na minha vida de estupidez. Hoje eu fui especialmente estúpido. Eu acabara de entrar para o Hall da Fama dos estúpidos. Na noite passada, voltei de uma viagem de uma semana e meia a Nova York e hoje de manhã cheguei cedo ao meu escritório em Santa Monica, pronto para retomar o trabalho neste livro. Mas quando fui estacionar o carro fiquei furioso ao descobrir que alguém parara na minha vaga. Sem parar para pensar — por que eu faria isso? Nunca fiz isso antes — freei o carro e parei, bloqueando dois outros carros em suas vagas. Mal desliguei o carro, corri escada acima para falar com Melanie, a gentil corretora de imóveis que estaciona do meu lado e trabalha no escritório abaixo do meu, para perguntar se ela sabia de alguma coisa.

Melanie sabia de alguma coisa.

Ela diz que o carro está estacionado na minha vaga há mais de uma semana e não saiu dali. Melanie acha que ele pode ter sido roubado e abandonado por lá. Concordo com ela. Algo muito ruim está acontecendo. Então ligamos juntos para o proprietário/síndico do prédio, Larry, que está bastante doente e parece estar morrendo no telefone. Ele então sugere, no meio de sua tosse encatarrada, que eu cole um aviso naquele carro dizendo que a pessoa estacionou ilegalmente e que o veículo será rebocado. A própria Melanie, tão gentil, se exalta: "O carro está lá há uma semana e meia, Larry! Ninguém vai ver o aviso." Ela sabe que ele está apenas adiando tomar qualquer decisão e então repete ainda mais seriamente sua suspeita de que o carro tenha sido roubado e abandonado na vaga.

Começo a me perguntar, com todos os problemas no mercado imobiliário norte-americano, se na verdade aquela não é a melhor parte do dia de Melanie.

Larry pigarreira e respira com dificuldade, dizendo que não pode resolver aquilo naquele momento, e pede por favor para eu colocar o aviso no carro. Eu digo: "Tudo bem, vou colocar o aviso. Mas continuo sem ter onde estacionar, e isso não vai resolver nada!" E, então, com uma raiva e certeza moral verdadeiramente masculinas, acrescento: *Isto é responsabilidade sua, Larry!* O frouxo finalmente cede. Se eu colocar o aviso, ele chama a polícia. Desligamos o telefone e Melanie me dá um pedaço de papel onde escrever o aviso. Minha fúria está ainda mais furiosa agora. Minha letra sai tremida no papel. VOCÊ ESTACIONOU ILEGALMENTE, começo a escrever. Escrevi tudo certo? Melanie não sabe dizer, ela é corretora de imóveis, não professora. Então começo a fantasiar sobre as coisas horríveis que escreverei no aviso. Vou mostrar ao imbecil com quem ele resolveu se meter.

Enquanto isso, Melanie, irritada, mas ainda educada como um detetive inglês, mais uma vez devaneia sobre *como é estranho* aquele carro estar estacionado na minha vaga há uma semana e meia e eu ter viajado exatamente esse tempo, o que a fizera pensar que era o meu carro. *Mas obviamente não era o meu carro,* digo a ela, *já que eu estava com o meu carro e só tenho um carro!*

Opa. Terrível sensação de ficha caindo. Ah, não...

Não é o *meu* carro. *É o carro da Jenny.*

Antes de irmos para Nova York, Jenny teve a ideia bastante altruísta de deixar o carro dela parado na vaga do meu escritório, para a babá do nosso cachorro poder estacionar em nossa casa — e não precisar circular pelas ruas tarde da noite em busca de uma vaga.

Eu mandei rebocar o carro da minha namorada.

Larry liga de novo para dizer que o reboque está a caminho e que ele vai chamar a polícia. Que diabos eu vou dizer para ele?! Eu tinha acabado de insistir para um cara à beira da morte levantar de seu leito para atender seu inquilino justo e furioso!

Pigarreio e respiro com dificuldade, mas não estou tão doente quanto o coitado do Larry. Melanie entra em ação. Ela grita ao telefone:

— Não tem problema, Larry, já resolvemos. O carro está sendo removido agora!

— O que (tosse) houve? Quem (fungada) tinha (pigarro) estacionado na vaga...?

— *Não se preocupe, Larry!* — Ela desliga na cara dele.

Salvo por Melanie. Uma mulher que mal conheço.

Afundo na cadeira, tentando em vão me encolher e me esconder de mim mesmo.

— Você não percebeu que era o carro dela? — pergunta Melanie, gentilmente.

— Estava escuro — murmuro a péssima desculpa. — Só o vi por trás um instante e... simplesmente... tive aquela reação.

O instinto masculino é sempre reagir com raiva primeiro e depois raciocinar. Felizmente, o instinto da mulher geralmente é proteger este mesmo idiota. Melanie me salvou daquela vez. Mas já fui salvo muitas vezes antes por muitas outras mulheres. Ela não fizera aquilo por alguma fantasia de que meu pai fosse o inventor do clipe de papel e eu o herdeiro de uma grande fortuna, e logo ela seria recompensada com uma fortuna inimaginável e nunca mais teria que lidar com imóveis e financiamentos. Ela me salvou porque se solidarizou comigo. Ela sabe o que é morrer de vergonha e quis me poupar desse destino. Uma simples gentileza. Pura *empatia*.

Jenny reagiu com medida semelhante de piedade e perdão quando contei os detalhes sórdidos mais tarde. Eu tentara rebocar o carro *dela*! Mas Jenny sabe que meu som e fúria muitas vezes não significam nada além da minha frustração comigo mesmo. Acho que as mulheres em geral entendem que os homens simplesmente perdem as estribeiras às vezes. E, quando isso acontece, algo sempre é arremessado, socado ou quebrado em pedacinhos. Quando um homem é posto diante da pura verdade — de que ele é de fato pequeno e insignificante, apesar de todos os seus esforços e súplicas pelo contrário —, ele começa a chutar um carro ou arrancar pela raiz uma planta que acabou de plantar, ou decide "limpar a mesa da cozinha", como Marlon Brando faz no filme *Um bonde chamado desejo*. E quando uma mulher vê isso, um pedacinho dela morre por dentro. Mas, incrivelmente, uma mulher é feita de muitos, muitos pedacinhos.

Isso se chama empatia. Elas nos entendem.

E o que nós fazemos? Cagamos para elas.

Serei direto: homens são uma bosta em matéria de empatia. Quase tão ruins quanto em compreensão, que é mais fácil. Tudo o que a compreensão requer é que entendamos *intelectualmente* como alguém está se sentindo e aceitemos. Não precisamos sentir nada! Mas as mulheres querem mais. A empatia é o cálice sagrado das reações emocionais. E é aquilo que não retribuímos aos olhos delas da forma como recebemos. E isso deprime as mulheres. Muito. E nos faz parecer muito idiotas.

É um negócio complicado.

As mulheres insistem que, para se colocar no lugar delas, não temos que, digamos, simular as dores do parto com uma melancia saindo da nossa bunda. Mas não tenho tanta certeza disso.[14] Os homens perguntam: como é que eu posso sentir alguma coisa que não sinto, não entendo, se nunca senti nada

---

[14] Entre uma melancia saindo do rabo e lidar com os sentimentos femininos não sei se a maioria dos homens não optaria pela melancia.

minimamente parecido com aquilo? Só que, de alguma maneira, as mulheres *fazem isso*. E é o que elas sempre dizem: "Fazemos isso por *vocês*."

O que entendo de empatia é o seguinte: você realmente tem que se colocar no lugar das mulheres, de salto alto ou com aquela sandália bonitinha e caríssima que ela quer. Você tem que escutá-la, *respeitar* seus sentimentos e, quer os entenda, quer não, *de alguma forma identificar-se* com eles. (Esta é a parte mais difícil. Você realmente tem que cair dentro para conseguir fazer isso.) Mas, ao se identificar com a dor dela, você não pode colocar a sua própria em jogo, porque a dor é *dela*, e não *sua* — apesar de se esperar que você sinta a dor dela junto com ela.

Alguém consegue entender por que isso é um problema para a gente?

Eu não entendia absolutamente nada de empatia até ter um filho. Porque quando um bebê cai e começa a chorar, você sabe instintivamente o que fazer: você o abraça — o que nunca é ruim de se fazer com uma mulher também — e fala o mais docemente possível. *Sim, eu sei que dói, sei sim. Eu sei, filho, eu sei. Se eu caísse assim estaria chorando muito mais. Você é tão corajoso. Você é um garotinho tão corajoso. É sim!* Mas quem é que não se identifica com uma queda e um machucado?! É fácil sentir empatia por isso. O problema dos homens em relação às mulheres é que elas querem que tenhamos empatia por *seus* sentimentos. Não importa o quanto sejam loucos! E, francamente, as mulheres têm sentimentos demais. Quem é que consegue acompanhar? São como antropólogas de sentimentos, descobrindo novos, dos quais você nunca ouviu falar, e redescobrindo antigos que você achava que estavam perdidos há gerações. Já temos problemas com os sentimentos básicos, e agora pedem para nos solidarizarmos com sentimentos caprichosos e enganadores! Certa vez, ouvi no rádio que as mulheres sabem em média mais de 350 nomes de cores. Um homem comum conhece oito.

É a mesma coisa com os sentimentos. Somos superados antes mesmo de dizermos nosso primeiro "Ah, querida...".

Por isso, muitos homens se rebelam contra a ideia de que nós também temos que ser solidários. Alguns acham que empatia é coisa de boiola. Droga, mulher! Conseguimos parar aquele barulho que a privada fica fazendo depois que vocês dão a descarga um milhão de vezes! Para que precisamos de empatia?

Porque é assim que as pessoas se sentem amadas, babaca — foi isso que Jenny delicadamente me respondeu uma vez.[15]

COLOQUE-SE NO MEU LUGAR, SEU ESTÚPIDO!

Depois das reações generosas de Jenny e Melanie ao meu comportamento imbecil da manhã, prometi tentar com muito mais afinco essa coisa de empatia.[16] Certamente agi como um maluco. Então como poderia não sentir empatia por uma maluquinha? Eu realmente queria absorver o máximo que podia de Jenny: não apenas ver as coisas do ponto de vista dela, mas senti-las. Mal podia esperar pela próxima oportunidade de criar empatia, oferecer compaixão, compreensão, generosidade de espírito e não julgar.

Imediatamente, meu sistema de emergência solidário foi testado.

Eu tinha voltado de Nova York para Los Angeles enquanto Jenny permaneceu na costa leste. Ela pegou o trem para

---

[15] Confissão: não sou um desses caras que conseguem acabar com o barulho da privada. Mal sei trocar uma lâmpada. Então acho que não tenho desculpas para não me empenhar mais com essa coisa de solidariedade.

[16] Até a decisão de deixar Jenny estacionar seu carro no meu escritório foi um ato de solidariedade. Pela babá do nosso cachorro. Jenny detesta procurar vagas — algo quase impossível onde moramos. E ao não querer que a babá se sentisse frustrada, principalmente ao lidar com nosso cachorro, ela fez questão de tomar conta da moça. Isso também é um ato de solidariedade com nosso cão, que Jenny não quer deixar aos cuidados de uma babá que está estressada e chateada. Sua solidariedade é infinita!

Boston para retomar o contato e passar um tempo com um ex-amor: seu velho cachorro Wendell. Wendell não é apenas um cachorro, é o amor canino da vida de Jenny. Ela escreveu um livro engraçadíssimo e comovente sobre ele chamado *O que Wendell quer, ou como saber se você está obcecado por seu cachorro*.[17] Ela ficou com a guarda de Wendell nos dois anos seguintes ao divórcio e o bicho mora com seu ex-marido desde que ela se mudou para Los Angeles.

No telefone, Jenny me contou que o encontro com Wendell fora maravilhoso. Ele lembrava bem dela e estava tão feliz em vê-la quanto ela em vê-lo. Ótimo, pensei, aliviado. Sinceramente, eu não entendia seu desejo de ver Wendell. Não entendia o sentido daquilo. Eu sabia que ela ficava triste por morar a cinco mil quilômetros de distância dele, que sentia muitas saudades e que queria ver se estava tudo bem e se estavam cuidando direito dele. Mas eu achava que vê-lo só causaria mais estresse que qualquer tipo de satisfação. Se o ex-marido tinha deixado claro que o cachorro ia ficar com ele, não seria melhor que ela continuasse em Boston? Mas agora que ela realmente o vira, parecia mais tranquila e menos preocupada com a coisa toda. Finalmente entendi por que era tão importante para ela.

Mais empatia estava chegando, pensei.

Então ela me contou que ela e Wendell passariam a noite juntos no Charles Hotel.

— No Charles Hotel?

— É, lá é muito legal — garantiu.

— Eu sei que é legal. É um dos melhores hotéis de Boston!

Por favor, empatia, não me abandone agora.

Por que eles não podiam simplesmente ficar no parque e brincar um pouco mais?, me perguntei. Ela queria passar mais tempo com ele, afinal, eles tinham muito o que colocar em dia. E ela não

---

[17] **Tradução livre de** *What Wendell Wants: Or, How to Tell If You're Obsessed with Your Dog*, **livro não publicado no Brasil. (N. da T.)**

viajara tantos quilômetros só para vê-lo por algumas horas e ir embora!

— Que tal um hotel mais simples, tipo o Holiday Inn? — perguntei.

— Poucos hotéis da rede aceitam cachorros — explicou. — E o Wendell ficará mais confortável no Charles.

É difícil contra-argumentar. O Charles Hotel tem um pacote especial para cachorros que inclui "uma bolsa com tigela e ração *orgânica*". Também há uma taxa extra de limpeza de sessenta dólares — e não é porque Jenny tem mania de fazer cocô nos móveis. Então, as pessoas bacanas ficam em hotéis bacanas com seus cachorros bacanas o tempo todo! Não é nenhuma ousadia!

— E sério — disse Jenny —, não estamos no Ritz!

— Se o cachorro comprar um filme pornô no *pay-per-view* vou ficar puto — disse eu, meu tom de voz ultrapassando um pouco o sarcástico. Achava que o Charles Hotel era um exagero e não tinha vergonha de dizer isso. Repeti minha preocupação (expressão chave: *minha* preocupação) sobre aquele encontro. Imaginei Jenny e Wendell em seus roupões do hotel na manhã seguinte, tendo que se despedir, e pirei com a zona emocional que certamente estaria a cabeça de Jenny. E é claro, embora não dissesse isso abertamente, estava pensando: *Meu Deus, e se o ex-marido dela realmente se compadecer e devolver o cachorro para ela? Então teríamos mais um cachorro — o que dá muito mais trabalho —; e se Wendell não se der bem com nosso Doozy?!* Eu estava viajando, confabulando na minha própria cabeça sobre minhas próprias besteiras. (É claro que nunca parei para pensar que Jenny trouxe um ser humano de verdade como parte do pacote quando se mudou para minha casa.)

Nesse momento, minha pontuação de empatia estava caindo rápido. (Mas minha pontuação de egoísmo estava decolando!) Jenny desligou o telefone daquele jeito que as pessoas fazem quando na verdade querem te matar, mas estão tentando reprimir seus instintos assassinos pelo menos naquele instante. Mas o pior de tudo é que eu já deveria saber disso.

A empatia com a situação dela nem estava ao meu alcance.

PAIXÃO POR CACHORROS

Uma coisa com que eu era bem tapado — e sem qualquer empatia — era entender a intensidade do amor que as pessoas sentem por seus cachorros e como esse amor é especial. Eu simplesmente não entendia. Eu zombava de cachorros. Não tive um durante a infância. Nada me irritava mais do que alguém começar a falar sobre seu cachorro como se fosse um assunto legítimo. Eu era o tipo de pessoa que, ao descobrir que o amado mascote de um amigo morrera, confortava-o dizendo: "Pelo menos não foi uma pessoa que morreu." Eu era *esse* tipo de pessoa.

Até comprar um.

E tudo mudou para mim aos 30 anos. Levei três minutos para entender todo aquele lance de "melhor amigo do homem". Amei minha primeira cachorra, Maggie, com uma intensidade quase lunática e obsessiva. Eu me pegava pensando nela quando estava longe. Será que ela estava feliz? O que estaria fazendo? E chorei como um bebê em cólicas onze anos depois, quando tive que sacrificá-la como havia feito com seu irmão mais novo, Doc, que morrera inesperadamente. Agora, Jenny e eu temos um cão, Doozy, que amamos. Os cachorros tornam a vida melhor.

E também sei um pouco como é ter que abandonar um cachorro.

Quando me divorciei, Maggie e Doc ficaram com minha ex-mulher, que tinha uma casa com jardim e um estilo de vida mais adequado a eles. Mas, quando finalmente saí de casa naquela manhã de julho, me lembrei da noite, seis meses antes, em que eu tinha chegado em casa e descoberto que minha mulher se mudara para o quarto de hóspedes. Uma casa já repleta de "gelo" acabara de ficar mais fria. Mas os cachorros dormiram comigo naquela noite e em todas as que se seguiram. Maggie fielmente encolhida na ponta da cama, com o pescoço sobre meus tornozelos, e Doc, que sempre chamamos de sr. Problema e adorava ficar o mais próximo possível da gente, fazendo tudo o que podia para dormir *em cima de mim*.

Eles foram amigos de verdade quando precisei.

Ainda assim, quando saí de casa naquele dia e comecei uma vida nova, na verdade me senti aliviado por não precisar cuidar deles todos os dias. Afinal de contas, eles eram labradores, davam trabalho, e eu tinha que construir um segundo lar para meu filho pequeno. Mas pouco depois percebi que, com todas as minhas reclamações sobre cuidar de cachorros, na verdade foram eles que tomaram conta de mim. Imagine, todo aquele tempo achando que eu os levava para passear, quando de fato eram eles que me levavam.

Naquela noite, tive um ímpeto de empatia.

Mandei um e-mail para Jenny pedindo desculpas por ser tão autocentrado e dizendo que é claro que seu cachorro seria bem-vindo em nossa casa: "Se você precisar de ajuda para contrabandear Wendell para cá, estou dentro." Depois, ela me contou que o e-mail a fizera chorar. Infelizmente, não foi um daqueles choros emocionados de "Ele realmente me ama", mas de "Onde estava isso quando eu mais precisei?". Você não pode tentar compensar mais tarde no jogo da empatia. Você tem uma chance e se desperdiçá-la perdeu a oportunidade para sempre.

FINGINDO EMPATIA NATURAL

Desde então, a empatia tem sido assunto sério em nossa casa. E na noite passada Jenny disse que não queria um homem que fingisse empatia. Queria a coisa de verdade, original de fábrica. Era isso ou nada. Mas não tenho tanta certeza disso. Mais de um homem já ouviu uma mulher frustrada choramingar: "Você podia pelo menos *tentar* se colocar no meu lugar!" Nesse caso, *tentar* não é *mais ou menos* o mesmo que fingir? (E uso a palavra "fingir" em seu melhor sentido, como fingir um orgasmo!) Jenny quer que a gente *tente*, mas *não finja*, mas, na verdade, eu acho que ela quer dizer o seguinte: se tiver que fingir, finja *direito*.

Pelo menos temos um exemplo a seguir, um mestre da empatia com quem podemos aprender. O homem para quem o termo "dom da empatia" parece ter sido inventado: Bill "Eu sinto sua dor" Clinton. Não importa o que você ache da política dele ou de suas falhas de caráter — Jenny não gosta muito de Bill por suas infidelidades, que ela leva para o lado pessoal —, não há dúvida de que ele seja o rei da empatia. E seja calculada ou natural — ou, como suspeito, uma mistura das duas —, todos podemos aprender com ele.

MOMENTO HISTÓRICO DE EMPATIA

O próprio George Bush pai já admitiu que não tinha o "dom da visão". Mas o que ficou terrivelmente óbvio no momento em que perdeu a reeleição contra o jovem Bill Clinton é que ele não tinha o "dom da empatia". Em certo momento de um debate entre eles, o velho Bush respondeu tão mal à pergunta de uma mulher, enquanto a resposta de Clinton foi tão brilhantemente empática, que esse foi considerado o momento decisivo daquela corrida eleitoral. A empatia provou-se fora do alcance para Bush — assim como um segundo mandato na Casa Branca. (Todo homem deve ver este debate no YouTube se não quiser ser expulso da própria casa.)

Uma mulher na plateia pergunta aos candidatos como a dívida nacional e os problemas econômicos nos afetaram *pessoalmente*. Clinton a ouve atentamente — a empatia transparecia nos olhos. George Bush está *olhando para o relógio*. (Sejamos justos, ele podia estar atrasado para o dentista.) Mas pense no que aconteceria na *sua* casa se você olhasse para o relógio enquanto sua mulher lhe pergunta como você se sentia em relação a algo que claramente a afetava. Não seria bonito.

Mas espere. A coisa ainda piora.

Primeiro — inacreditável, para alguém formado em Yale —, George Bush parece não entender a pergunta. "A dívida nacional afeta a todos", diz ele, petulante. Mas o mediador e a mulher reforçam: *"Você. Como afetou você pessoalmente?"* A mulher então conta como afetou a ela: conhecia pessoas que estavam sendo despejadas de casa, que não conseguiam mais pagar o financiamento do carro... E nada de resposta. Dá para ver o mouse mental dele clicando, mas nada aparece na tela. *Ele não consegue captar que ela simplesmente quer ouvi-lo dizer que a entende.*

Então, naturalmente, ele faz o mesmo que todos os homens fazem quando se assustam com os sentimentos femininos: tenta desviá-la de seus sentimentos. (Claro, porque isso *sempre* funciona, não é mesmo?) "Você está sugerindo que pessoas com recursos financeiros não são afetadas pela dívida nacional?", diz ele, arrogante. Defendendo os ricos. Aí está um caminho infalível para o coração de uma mulher pobre. Então, seguindo seus padrões morais distorcidos, ele praticamente exige um pedido de desculpas *dela*. "Não acho justo dizer que só porque a pessoa nunca teve câncer não sabe como é. Não acho justo... é... sabe, o que quer que seja, se você não foi atingido pessoalmente por algo..." Na verdade, ele não estava *sendo* empático, mas defendendo seu *direito* de ser empático — se ele tivesse sentimentos como as pessoas normais, claro. Ele continua dizendo um monte de palavras que parecem inglês, mas que não fazem o menor sentido juntas. Finalmente, admite que não entendeu a pergunta da primeira vez e agradece a ela por ter explicado.

Então chega a vez de Bill Clinton.

Ele vai diretamente até ela e qual é a primeira coisa que ele faz? Ele diz: "Conte-me novamente como isso *a* afetou." Ela fica muda por um segundo e impressionada por ele estar tão perto dela. "Humm", diz ela, nervosa. Ele a tranquiliza. "Você conhece gente que perdeu o emprego?" Ela assente. "Vou contar como isso me afetou", diz ele, direto. E então continua, dizendo que é governador de um pequeno estado e viu de perto como a inércia do governo do país em relação à economia afetou a vida das pessoas. E diz a ela: "No meu estado, quando uma pessoa perde o emprego, há uma grande chance de você conhecê-la. Quando uma fábrica fecha, eu conheço as pessoas que a administravam. Quando um negócio vai à falência, *eu conheço essas pessoas.*"

O que ele é, afinal? Governador de uma caixa de sapatos?! Como ele poderia conhecer as pessoas? O Arkansas é um estado pequeno, mas mesmo assim tem três milhões de habitantes! Mas esses fatos importam menos que a empatia que ele despertou. É o tom de voz, o calor, a sinceridade, a preocupação, a conexão e, não menos importante, seu esforço para confortá-la que fazem com que ela não questione se ele conhece todas as pessoas do mundo que se deram mal ultimamente. Eles podem ser de lugares diferentes, mas o que importa é que Clinton diz que *sabe que ela está sofrendo porque ele também está sofrendo. E quer ajudá-la.* Não importa de onde ela venha, ele vai encontrá-la lá. Não importa a distância que tenha que dirigir. E não está olhando para o relógio com vontade de estar em outro lugar.

Vamos rever as tentativas de George Bush de conquistar o coração da mulher: olha para o relógio quando ela começa a falar. Não entende a palavra "pessoalmente". Fica na defensiva. Defende os ricos. Acaba com toda a emoção ao falar de forma técnica. E finalmente *a* acusa de não ser justa com *ele*.

Esse cara é um partidão! Imagina se existisse um filho como ele!

AGORA OU MAIS TARDE

Aqui está outra forma de os homens enxergarem o assunto: seja empático agora ou pague depois.

Porque, se você estragar o lance da empatia, vai ser o cara que se encontrará, naquela noite ou na próxima, numa daquelas conversas torturantes e intermináveis em que é tragado pelos sentimentos mais profundos dela. E ela vai perguntar repetidamente por que você não pode apoiá-la *emocionalmente* como ela te apoia. E isso vai durar a noite toda. E você ficará preso ali, perguntando-se se voltará a ver a luz do dia.

Aposto que você se identifica com esse sentimento.

Isso foi o que aconteceu mais tarde comigo e com a Jenny: ao fracassar no meu objetivo declarado de ter mais empatia por ela depois do "episódio do reboque", eu sabia que tinha que tentar de novo, já que ficara claro que minha falta de apoio à sua visita ao Wendell e ao seu desejo de trazê-lo de volta realmente a haviam deixado chateada. Então nos sentamos na cama, e me preparei para uma noite longa e tumultuada.

Eu não olhei para meu relógio.

Eu não defendi meu comportamento anterior.

Eu não a acusei de não pensar em mim.

Eu não falei de mim em momento algum.

Eu não a bombardeei com considerações racionais.

Deixei que ela falasse sobre tudo que estava sentindo, sem interromper.

E então, algo realmente me aconteceu.

Talvez tenha sido o resultado de trabalhar de fora para dentro, mas de repente eu estava totalmente focado nela e conseguia, de verdade, sentir o sofrimento que ela estava sentindo com a perda de seu cachorro e perceber como devia ser terrível não ter apoio numa hora dessas. Então, como um obcecado, liguei o modo "Vamos Pegar o Wendell" e listei várias formas de abordar novamente o assunto com seu ex-marido. Levou em conta todas as minhas ideias, mas o mais importante para ela foi sentir algo em mim, um pouquinho de verdadeira empatia quanto a sua condição, e isso pareceu tranquilizá-la. Disse que se sentia muito melhor em relação a mim e à história em geral.

Não sei como a situação com Wendell vai acabar.

Mas fomos dormir antes de meia-noite e meia.

(Não que eu estivesse olhando as horas...)

RESPOSTA DA JENNY

UMA BELA POUSADINHA PARA SHANE

Depois de terminar de ler o último capítulo de Howard, me peguei balançando a cabeça. Pode me chamar de cética, mas nunca pensei que ele evoluiria. Não é nada pessoal contra Howard, é claro. É que em todas as minhas relações com homens (e estou incluindo aí também as relações das minhas amigas) concluí que, enquanto as mulheres têm um teto de vidro, os homens têm, ao que parece, um teto de estupidez, e não se sabe se eles conseguem quebrá-lo. Claro, você pode programá-los para comprar flores, ler listas de mercado direito e até mesmo tentar ser mais empáticos e bem-comportados, mas eles continuarão sendo homens. E acredite quando eu digo que é exatamente isso o que nós queremos, porque não queremos que nossos homens sejam como mulheres.

Na verdade, apesar de nunca ter tido vontade de ser um homem, tenho que admitir que às vezes invejo seu jeito simples e aparentemente estúpido. Sim, empatia não é algo natural para eles, e eles precisam desenvolver isso, mas meu poço de loucura transborda com esse aumento. Tanto que muitas vezes me pego exausta por mergulhar nas águas profundas das minhas emoções superabundantes..

Agora Howard está com a cara prensada na janela de vidro (ou no teto de estupidez, se quiser continuar com a analogia) e está tão perto que sua respiração embaça o vidro. E só consigo pensar se devo ou não ajudá-lo a se libertar. Sinto a necessidade de protegê-lo, de dizer a ele para sair dali correndo, de fazê-lo sentar e contar uma historinha para alertá-lo sobre as coisas assustadoras que acontecem na terra da loucura. "Ah, Howard, você pode querer visitar, mas nunca gostaria de viver lá."

Acredito que seriados como *Grey's Anatomy*, filmes como *Flores de aço*, e até mesmo novelas têm um objetivo que vai além da pura diversão para as mulheres. Realmente ajudam a aliviar um pouco do nosso excesso de sentimentos. Então, quando ficamos tensas e emotivas demais, temos que nos encolher no sofá e assistir a programas de mulherzinha para poder tirar esses sentimentos da cabeça. Do mesmo jeito que você sempre se sente melhor quando está prendendo alguma coisa e chora até conseguir expurgar tudo. As mulheres são como esponjas, e às vezes absorvemos água demais (o que nos deixa loucas), e assistir a Meredith e McDreamy tentando se acertar enquanto salvam vidas realmente nos espreme, no bom sentido. Howard acha que tais programas e filmes são manipuladores e chatos. Mas acho que ele não entende, porque passam numa frequência de empatia tão alta que só mulheres e cachorros conseguem ouvir.

No entanto, embora ele ache que mulheres só se identifiquem com programas de TV e filmes em que alguém morre — ou com quatro mulheres do sul que se encontram num salão de beleza —, está errado. As mulheres se identificam com qualquer coisa, até esportes. Os homens torcem para um time e querem apenas que vença. Ponto. As mulheres também querem que seus times vençam. Mas sempre sentem empatia pelo time perdedor também. Sempre pergunto a Howard se o time perdedor chora no vestiário depois do jogo. Ele acha essa pergunta estranha e não quer pensar nisso. O esporte sempre é uma questão de ganhar e perder; você escolhe um lado e deixa rolar. Se seu time ganha, você fica feliz. Se perde, você fica triste. E acabou. Mas, na minha cabeça, sempre imagino o vestiário do time perdedor cheio de jogadores sentados nos bancos, com toalhas sobre a cabeça, chorando de decepção por não ganhar o jogo, e alguns até ligando para suas mães.

Howard diz que eu não devo me preocupar com os outros times, mas não consigo evitar. Penso em suas noivas e namoradas, que também estão chateadas e preocupadas com a forma como vão lidar com seus maridos e namorados mal-humorados quando chegarem em casa. Fico preocupada até com os pais dos jogadores. Fico mal até mesmo pelos técnicos e suas famílias.

Para exemplificar melhor essa ideia, vou contar a vocês como me sinto quando assisto ao seriado *The Shield*, um drama policial que ganhou vários prêmios, com um protagonista muito leal e másculo, que pode ser facilmente chamado de um dos seriados mais machos da história. Conta a vida de um grupo de policiais fora da lei que não segue as regras morais da nossa sociedade, vivendo de acordo com códigos de honra pessoais segundo os quais é necessário só pisar nas cabeças (às vezes literalmente) de mafiosos assassinos e traficantes malvados — que para ser um bom policial, às vezes você mesmo precisa desobedecer à lei.

O seriado é pesado e violento, e pode-se dizer que é o extremo oposto de um programa de mulherzinha como *Grey's*

Anatomy. Ninguém se importa com um cabelo bonito em *The Shield*; isso não interessa a Vic, o anti-herói, porque ele não tem cabelo. (E mesmo se tivesse, não estaria nem aí para isso. Howard acha que McDreamy é só um cara com cabelo bonito que sabe chorar.)

Howard é fã de *The Shield* desde o começo, mas só comecei a assistir com ele este ano. E posso afirmar que assisto principalmente para compartilhar a experiência com Howard, não para meu prazer.

É assim que Howard assiste a *The Shield*: primeiro tira a calça porque gosta de assistir de cuecas, para seus "detetives" poderem respirar. Precisa se enrolar em um cobertor porque uma segurança extra é reconfortante quando a dura realidade fica um pouco dura ou real demais (e ele é friorento). Precisa estar na escuridão total porque a série não é filmada em alta definição, então compensa isso não tendo fontes de luz para incomodá-lo. Precisa de silêncio absoluto, então ninguém fala ou abre balas enquanto assiste ao seriado. Se você achar que vai tossir, espirrar ou respirar alto demais, deve imediatamente pegar o controle remoto e pausar. E, se precisar ir ao banheiro, deve ir antes. *The Shield* tem um ritmo rápido e requer total concentração. Howard não segura minha mão enquanto assiste a *The Shield*, já que, bem, Vic não faria isso, então por que ele deveria fazer? E é isso, ele está lá. Assiste com atenção completa e só pensa no que vai acontecer em seguida.

Esta sou eu assistindo a *The Shield*: estou compenetrada, mas também um pouco estressada, pois Howard fica muito tenso, o que me deixa tensa. É claro que quero saber o que vai acontecer a seguir, mas no meu cérebro compartimentado há muito mais coisas me preocupando. Não importa se você nunca viu esse seriado e não conhece os personagens; o que estou pensando e aquilo pelo que sinto empatia pouco tem a ver com o que está acontecendo na tela.

Pergunto-me por que Dutch não é casado; acho que ele seria um marido carinhoso e gentil. Ele deveria se preocupar menos com aquele garoto com potencial para serial killer e se focar em arranjar mais tempo para namorar. Acho que ele seria um ótimo namorado. Talvez seja porque ele ama Claudette e fica deprimido porque seu amor não é correspondido. Dutch tem uma pele bem clara e obviamente usa protetor solar. Que marca será que ele usa? Duvido que um policial ligasse para marcas chiques, mas talvez seja seu único luxo. Talvez fique meio orgulhoso em ser o policial com uma pele maravilhosa — macia e clara como alabastro. Coitada da Claudette, deve ser tão difícil sobreviver em um mundo tão dominado por homens... Imagino se ela pensa em deixar o cabelo crescer. Ela deve achar que cabelo curto dá um ar de autoridade. Será que ela sabe que Dutch a ama? Me pergunto se ela não corresponde aos sentimentos dele por racismo, ou porque ele é mais novo e tem a pele melhor, ou porque ela é chefe dele e não quer os outros policiais sacaneando. Ela parece cansada. Fico imaginando se ela gosta de comer panquecas quando chega em casa, já que é o que gosto de comer quando não estou bem. Por que Vic é tão durão e raivoso o tempo todo? Parece que se realiza vivendo no topo de um arranha-céu, mas deveria assistir ao programa da Oprah e aprender que tem outras escolhas na vida. Sua ex-mulher é uma baranga acabada. Odeio usar a palavra "baranga", mas foi nisso que ele a transformou. Deve ser uma merda ter Vic como pai dos seus filhos. E ela também sabe que ele é mau, o que deve deixá-la triste. Me pergunto se ela se arrepende de ter se casado com ele ou o conhecido, ou se deseja até que ele não tivesse nascido. Ok, mas aí ela não teria filhos, então provavelmente não. Seus dois filhos mais novos são autistas. É uma situação realmente difícil. Imagino se ela leu o livro da atriz Jenny McCarthy sobre filhos autistas. Me pergunto se ela queria que Vic fosse mais parecido com Jim Carrey, que obviamente é ligado ao filho autista de Jenny. Fico feliz que Jenny e Jim pareçam felizes juntos. Imagino se eles vão se casar. Me pergunto se Vic se importa com o fato de Corine o odiar. Ele tem um ego enorme, e é como se ele se sentisse destinado à lealdade dela. Ele explora a fraqueza dela, que é o fato de ela querer que seus filhos passem mais tempo com o pai (apesar de ele não ganhar nenhum prêmio de bom pai, é óbvio que ama as crianças.) Deve ser horrível ter um fraco por caras como Vic. Sua filha na série parece com ele e Howard me disse que ela é sua filha na vida real. Que bonitinho! Aposto que ela fica feliz em trabalhar com o pai. Me pergunto se eles vão juntos para a gravação ou almoçam juntos. O que há com Ronnie? Prefiro Dutch, mas até que gosto de Ronnie também. Eu apresentaria Dutch a meus amigos, mas gostaria de ser vizinha de Ronnie. Levaria sopa para ele quando ele estivesse doente e diria para parar de levar prostitutas para casa e namorar uma garota do salão de beleza local para se aquietar. Ronnie gosta de asiáticas, e tem uma manicure bonitinha que trabalha no meu salão que acho perfeita para ele... se ele fosse uma pessoa real. Me pergunto por que Ronnie é tão leal a Vic. Ronnie parece magro demais com seu terno escuro. Não deveria usar gravata preta, só coveiros usam gravatas pretas. Ronnie não. É triste que Vic, Ronnie e Shane fiquem brigando. É duro estar de mal com seus melhores amigos. Eles eram tão próximos, um quarteto feliz em seu clube, que chamam carinhosamente de "celeiro"; aí Shane matou Lem, e agora Vic e Ronnie não conseguem perdoá-lo. Me pergunto se Howard terminaria comigo se eu perguntasse qual dos caras corresponde a qual garota de Sex and the City. Coitado do Shane. Teve um caso com uma prostituta negra menor de idade; era até fofo que trepasse com ela em prédios abandonados. Era como se realmente se importasse com ela, que também estava completamente apaixonada por ele. É legal quando as pessoas encontram alguém a quem conseguem se entregar, mesmo que seja contra a parede de uma boca de fumo abandonada. A esposa de Shane, Mara, é bem branquela, cheia de sardas e também meio malvada; por isso Shane foi buscar um pouco de doçura em sua jovem prostituta drogada. Mara definitivamente é uma mulher que precisa de um banho de espuma, ou de um mês num spa, ou de uma assinatura grátis da revista da Oprah. Ela está brava o tempo todo, mas acho que ama Shane, apesar de ele ser um grande babaca. Ele não deveria gritar tanto com ela. Agora que Shane e Mara estão em fuga, eles têm tido alguns momentos de ternura e romance.

Como parecem felizes e estão tendo esses momentos tão bonitinhos que não têm nada a ver com o estilo do seriado, aposto que um deles vai morrer no último ou penúltimo capítulo da temporada. Acho que vai ser a Mara, porque será mais poeticamente trágico se seu próprio marido policial não conseguir protegê-la da morte. Aposto que Shane vai chorar à beça se isso acontecer. Mas se ela morrer talvez ele tenha uma segunda chance para recomeçar. Talvez consiga reencontrar a prostituta —, ela provavelmente já terminou a sétima série a essa altura —, e os dois poderiam fugir para o México e abrir uma bela pousadinha charmosa de frente para o mar. Ela poderia aprender a cozinhar e ele a pescar. Não seria legal?

Ok, hora do comercial. O que será que vai acontecer depois?

No programa, a mulher de Mackey, Corrine, suspeitava que Vic estivesse envolvido com coisas bem pesadas, mas quando tudo ficou claro ela lhe perguntou toda séria como ele pudera fazer aquilo. Como ele pudera fazer aquelas coisas horríveis? (Naquele momento, Corrine representava todas as mulheres que perguntavam a seus maridos por que eles fizeram as besteiras que fizeram.) E, todo sério, ele respondeu: "Não pensei no que estava fazendo."

Sempre haverá um abismo entre homens e mulheres, porque somos diferentes. Os homens às vezes não sentem o suficiente, mas as mulheres às vezes sentem demais. Seria legal se houvesse um meio-termo feliz, um lugar ao qual você sempre pudesse ir que ficasse entre *Grey's Anatomy* e *The Shield*, um lugar onde a grama sempre é verdinha e onde talvez pudesse ficar numa bela pousadinha administrada por um ex-policial e sua namorada ex-prostituta.

11

LOUCO AMOR
ERA O MEU PRIMEIRO DENTE

Era o quinto que meu filho havia perdido, mas incrivelmente a primeira vez que acontecia na minha casa. Como pai divorciado, ganhei conhecimento e experiência em várias áreas novas, mas como Fada do Dente eu era um novato. Até agora. No dente número cinco. Eu precisava arrancar informações dele rapidamente. Ele já estava colocando o dente embaixo do travesseiro. Tentei parecer casual.

— Então... Que acontece quando cai um dente?

— A Fada do Dente vem.

— Certo. E ela deixa o quê? Cinco dólares? Quanto está valendo um dente hoje em dia?

Meu filho olhou para mim, confuso.

— A fada do dente não me dá dinheiro. Ela sempre me dá um presente.

Hum, um presente... *Ela não podia simplesmente dar um dinheirinho pro menino, como qualquer mãe do mundo?*

— E é um presente muito especial — diz ele.

Tudo bem, muito especial.

— E sempre vem com um poema bem grande que a Fada do Dente escreve sobre mim.

Ótimo!

— Com rima.

Minha ex-mulher obviamente está me dando o troco pelo lance do veado.

— E sempre vem num papel bonito...

— Já para a cama! — digo, um pouco alto demais.

Ele se enfia debaixo das cobertas e olha para mim. Então, para completar minha surpresa, começa a me perguntar se a Fada do Dente realmente existe. Afinal, ele acabou de fazer sete anos e já passeou pelo quarteirão algumas vezes — até o Starbucks — e anda com sérias dúvidas. (Devo admitir que fiquei mais do que tentado a acabar com tudo aquilo — enfiar uns dólares embaixo do travesseiro, e pronto.)

Ele sabia que aquela noite seria crucial.

Porque se a Fada do Dente conseguir encontrá-lo na casa do papai, a Fada do Dente não pode ser a mamãe, certo? (Se a mamãe não é a principal suspeita, pelo menos é uma "pessoa interessada".) Mas se a mesma Fada do Dente, sempre com seus presentes especiais e poemas longos e rimados, encontrá-lo aqui — a dez minutos de carro da casa da mamãe — então ele vai saber que ela existe de verdade.

Pelo menos por mais uma noite.

Um pouco mais de magia. Só por um tempinho a mais.

Dou-lhe um beijinho de boa-noite.

Enquanto desço as escadas, me pergunto onde diabos vou arrumar um presente para ele, ainda mais um longo poema rimado sobre ele. Não posso sair e comprar a porcaria do presente porque Jenny está trabalhando até tarde, e geralmente deixar crianças sozinhas em casa à noite é algo reprovável. Mesmo se elas estiverem dormindo. Não tenho outra escolha a não ser tentar escrever o poema. Mas, quanto mais tento, piores saem os rascunhos. Tenho dificuldade em encontrar o tom da Fada. Não tenho um espírito doce. Mas o pior é que não consigo criar rimas nem por um milagre. Simplesmente não tenho o dom.

Batatinha quando nasce se esparrama pelo chão. Você perdeu um dente... e ganhou um pente!

E agora estava ficando tarde para ir a uma loja de brinquedos. Que "presente especial" eu poderia comprar para ele numa farmácia? Sou tomado pela culpa de pai divorciado. Não estou apenas arruinando a fantasia dele. Eu vou destruir todas as fadas — para sempre. Imagino-o acordando no dia seguinte e sacudindo o livro do Peter Pan para mim. *"E nunca mais fale comigo sobre essa puta dessa Sininho!"*

Meu filho não terá mais sonhos com pó de pirlimpimpim.

Então, Jenny Lee chega em casa.

(Sei que ela *deve* ter chegado andando. Mas de acordo com minha memória ela voou pela janela, de varinha na mão, asas abertas batendo e pousou graciosamente na sala.)

— Você tem que escrever a porra desse poema — grito para ela, antes mesmo que ela recupere o fôlego. Lembre-se de que ela trabalhou até tarde e ainda não jantou. Mas aquilo não me impediu de abordá-la na porta com meu surto incomprensível. — Você tem que escrever isso! Eu não consegui de jeito nenhum! É da Fada do Dente! Tenho que sair e comprar um presente para ele!

Pego meu casaco e vou até a porta. Ela pede para eu me acalmar. Explico a situação e ela me diz tranquilamente para relaxar. Ela tem vários presentes "da Fada do Dente" para dar a ele. Hã? Pois é, faremos uma viagem de carro daqui a algumas semanas, e ela já comprou um monte de brinquedos para mantê-lo ocupado durante o trajeto. É incrível! Nós temos o presente! Não preciso procurar pastas de dente com brindes na farmácia! Posso ficar em casa.

Nota: Jenny vive destacando as vantagens de planejar as coisas com antecedência, preparando-se para qualquer eventualidade. Sempre acho que ela está sendo neurótica e, francamente, maluca — sempre obcecada por planos B para situações que nunca vão acontecer. Mas quem tinha razão naquela noite?

Ah, não. Ainda tinha o poema.

— Tudo bem, vou escrever o poema — diz ela, sem hesitar.

— Tem que rimar.

— Tem que rimar? — pergunta, formando uma ruga na testa antes lisa.

— Exclamações, gerúndios, nome da ex-mulher — digo.

Ela imediatamente vai até o computador e se senta na frente dele. Penso que ela vai escrever no máximo duas ou três frases que pareçam vindas da Fada do Dente e depois vamos jantar. Mas esta não é Jenny Lee. Não é assim que Jenny Lee funciona. Jenny Lee é uma aluna nota dez. Jenny Lee dá mais de si. Jenny Lee era a principal violinista da orquestra da escola, apesar de não ter talento natural. Jenny Lee não deixa nada pela metade. Jenny Lee não ama pela metade. E Jenny Lee acha que vai para o inferno se meu filho perder a inocência sob sua responsabilidade.

Jenny Lee é louca.

Ela passa duas horas e meia trabalhando sem parar no poema.

A mulher está faminta, mas se recusa a comer. Ela está trabalhando como uma escrava em um poema que provavelmente será deixado de lado dois segundos depois de lido, em segundo plano em relação ao livro de colorir ou o que quer que ela tenha comprado para a viagem. Implorei a ela quando uma hora virou duas:

— É só uma mensagem falsa de uma fada de mentira!

— Mas ela não deu a mínima. Ela não vai decepcionar esse garoto. Ou melhor, não vai me deixar decepcionar esse garoto. E ela sua a cada palavra como fariam as boas fadas poetas. As palavras não vêm facilmente, mas surgem, por fim. E quando ela se levanta, pega um papel bonito e cuidosamente escreve o poema à mão com sua linda letra cursiva de fada.

Finalmente nos sentamos para jantar às 22h30. Pergunto por que fizera aquilo. Ele simplesmente diz: "Porque eu te amo."

Estou na Califórnia, um lugar ensolarado
Sobre uma casa onde eu nunca havia entrado
Então, escuto meu sininho tocar
E, como sempre, ele me faz cantar[18]

Esta é a divina loucura das mulheres: elas escolhem nos amar.

Tem um garotinho por lá
Cujo dentinho preciso encontrar
Apareço quando seu sono fica pesado
E levo o dente para o castelo encantado[19]

Desde aquele primeiro contato no parquinho, quando as jogamos na lama, elas olham para nós e pensam: *esse cara vai ser meu!* Só piora a partir daí, mas elas se tornam mais determinadas a nos amar.

Lá para cima preciso voar
E meu caderninho vou olhar
Quem é aquele menino?
Em seu presente preciso pensar.
É Dustin Morris e mais uma vez,
toca meu sino.[20]

Quando adultos, dizemos que elas nos deixam "roxos" porque somos imbecis demais para dizer a palavra que realmente queremos. Cruzamos uma sala lotada para sentar perto delas

---

[18] In the very sunny state of Cali/ Where I was flitting about the valley/ I heard my tiny alarm bell ring/ Which never fails to make me sing

[19] There's a little boy out there/ He lost a tooth but it's been found/ I show up when his sleep is sound/ I whisk it away to my castle high

[20] Up, up, up, I must fly/ I chack my book, I find his name/ It's Dustin Morris of Santa Mônica fame/ Now it's time to think, I know just the thing/ I grab my big silver bell and give it a ring!

só porque estão perto de docinhos. Dizemos as coisas mais idiotas nos momentos mais impróprios — como na cama, depois de transar. Não entendemos nada do que gostam e dizemos que são loucas por gostar daquilo. E estamos sempre furiosos com a queda da luz — ou quando estacionam na nossa vaga. *Tentamos rebocar os carros delas!*

E mesmo assim elas nos amam.

> *Dez cisnes passam nadando*
> *E de repente estão voando*
> *Mas deixam para trás um presente*
> *Que só te deixa mais sorridente*[21]

"Sou louca por tentar, e louca por chorar, e louca por te amar."

Quem canta essa música é Patsy Cline, mas foi composta por Willie Nelson — um cara tão burro, diga-se de passagem, que não sabia que era obrigado a pagar impostos. Mas Willie sabia exatamente o que estava dizendo para as mulheres que amara: É claro que você é louca. *Vocês teriam* que ser *loucas* para *nos* amar.

> *Seja corajoso, bom, cheio de alegria*
> *Se eu pudesse, por aqui eu ficaria*
> *Mas estou por aí, sempre por perto,*
> *Para deixar feliz este menino esperto!*[22]

Elas enxergam o que está *dentro de nós*. E nos amam incondicionalmente. Nós só vemos o que está na nossa frente.

---

[21] Ten silver swans go swimming by/ And then all at once they get up and fly/ But behind they leave a present or two/ The perfect thing to bring a smile to you

[22] Have fun, be brave, always be good/ I wish I could stay, I would if I could/ But I'm always around, I'm always quite near/ I've got the best job, I bring joy and good cheer!

E muitas vezes nem isso. Se você analisasse a relação amor/benefício de um relacionamento normal, descobriria que o benefício é novo e que elas acabam tendo que fazer análise. E não é que elas não soubessem o que estava acontecendo. Já estavam avisadas: "Você é louca de amar esse cara!"

Todos nós somos esse cara.

E no dia seguinte meu filho ainda acreditava em fadas.

AMANDO A LOUCURA

Não seja o cara que não percebe isso.

Reclamação número um das mulheres sobre os homens estúpidos:

Ele é estúpido demais para enxergar o meu valor.

Parafraseando o anúncio de um velho filme: "Se você vai parar de fazer uma besteira só este ano, pare primeiro com esta." Não deixe a reclamação número um da sua mulher sobre você ser: "Ele era estúpido demais para enxergar o meu valor."

Garotinhos enxergam.

Eles veem a magia tão claramente quanto ouvem o sinal do recreio. Posso afirmar pela forma como meu filho olha para Jenny e para sua mãe, e, ainda mais impressionante, para a menininha da escola com prendedores de cabelo do *High School Musical* que fala mais de mil palavras por minuto, e usa uma camiseta escrito: Garotinha problema. Ele fica quieto, balança a cabeça, abre um sorriso idiota e não consegue tirar os olhos dela. Então, no dia seguinte — do nada —, ele comenta sobre a "menina maluca que fala rápido". Já entende que há uma magia especial que só existe dentro dessas criaturas estranhas. Não estou dizendo que seu amiguinho Lucas não seja um cara legal e ótimo jogando beisebol no Wii, mas sua amiguinha Gemma definitivamente tem uma magia indescritível, transformadora, acachapante.

É claro que ele é pequeno demais para entender esses novos e complexos sentimentos, e sei o que isso significa: meu garotinho já começou sua jornada de estupidez com as mulheres. Tenho que admitir que fico com os olhos cheios d'água quando penso nele derrubando sua primeira menina em sua primeira poça de lama... Talvez eu possa guiá-lo em algumas das maiores burrices que certamente virão. (É claro que esta é sempre uma fantasia dos pais, eu acho.) Mas não se pode ignorar a *pureza* na forma que eles enxergam o que os homens crescidos *param* de enxergar: a magia das mulheres.

Não seja o cara que perde de vista aquilo que os garotinhos veem.

As mulheres são mágicas. São especiais de um jeito que não somos. Amam mais e melhor e tornam nossa vida melhor de milhões de formas diferentes num só dia. E para o bem, e muitas vezes para o mal, sua magia está intrinsecamente ligada ao que normalmente vemos como insanidade. Em outras palavras: **a magia é a loucura, e a loucura é a magia**. E negar isso, tentar tirar isso dela, é tentar tirá-la de si mesma. E no fim das contas, ela vai acabar se livrando de você. Você não pode separar a loucura da mulher. E nem gostaria de fazer isso. Porque você também perderia a magia.

E o mesmo vale para o homem estúpido.

Nossa estupidez cabeça-dura também pode ser nossa maior força na vida *e* no amor. Muito da nossa chamada "estupidez" e "simplicidade" na verdade é só um cara tentando desfazer um monte de neuroses enganosas e enxergar a pura verdade pelo que é. Nossa burrice alimenta nossa lealdade, nosso desejo de ter vocês a qualquer custo e nossa determinação em cuidar de vocês. Isso também nos torna muito mais fáceis de enganar! Diferente dos homens, as mulheres podem confiar que seus pensamentos estão seguros: nunca leremos suas mentes. Se uma mulher tentar obliterar uma parte importante de seu homem, tudo vai acabar mal para todo mundo. É como se a Olívia Palito dissesse ao Popeye: "Eu *gosto dos seus músculos e agradeço por me salvar sempre, mas, pelo amor de Deus, podemos comer milho hoje?*" Ou a Lois Lane dizendo para o Super-Homem: "Chega de voar por aí. Será que a gente não pode pegar um avião pelo menos uma vez? Dá para ver filmes na telinha da poltrona!"

Tentar transformar alguém em outra pessoa nunca dá certo.

Então qual é a moral desta porcaria de livro?

(Eu sei que as mulheres entenderam tudo na página 2, mas me deixem falar de qualquer forma)

A verdade continua a mesma. Não há milagre que possa mudar este fato essencial: **as mulheres são loucas e os homens são estúpidos.**

Este livro é feito de leves alfinetadas.

As leves alfinetadas que podemos carinhosamente dar um no outro e *dar em nós mesmos* pelo outro — para encontrar aquele lugar que sabemos existir entre nós, mas aonde não vamos tanto quanto gostaríamos. O lugar de amor, calma e respeito que se encontra entre a loucura total e a estupidez completa. Mas só podemos chegar lá mudando *nosso próprio* comportamento — ou pelo menos olhando-o no espelho uma vez ou outra. Se conseguirmos fazer os homens e as mulheres chegarem um pouquinho mais perto de entender um ao outro e o motivo de suas ações, talvez possamos nos sentir um pouco menos sozinhos.

Nunca subestime o poder de uma alfinetada. Especialmente a que damos em nós mesmos para enxergar as coisas de outro ponto de vista. Você ficará encantado com as coisas que verá e que nem sabia que estavam ali.

Você pode acabar descobrindo que a sua namorada é a Fada do Dente, quem sabe?

RESPOSTA DA JENNY

ROMEU, TEU NOME É HOWARD

Um homem estúpido pode dar tantas alegrias quanto dores de cabeça a uma mulher. Minha intenção ao coescrever este livro nunca foi lamentar, reclamar e rir dos homens estúpidos, mas celebrar, me deleitar e rir com eles. Onde estaríamos hoje sem sua burrice? Sei de uma coisa: certamente não teríamos a maior história de amor de todos os tempos. Se você realmente parar para pensar, Romeu poderia ter sido mais esperto e procurado um bilhete de Julieta, ou mesmo parado para analisar tudo antes de se matar tão rápido. E, ao acordar, tenho quase certeza de que a primeira coisa que Julieta pensou quando se deu conta do que acontecera foi: *Seu estúpido,* e aposto que o segundo pensamento foi: *Nossa, que absurdamente romântico ele não ter conseguido viver sem mim e tirado a própria vida!* E, quando seguiu os passos dele para valer, daquela vez, ela cimentou seu lugar na história dos casais como um dos primeiros exemplos da louca e do estúpido em ação. Sabe, quem é louca o suficiente para beber uma poção esquisita que vai diminuir sua respiração e quase parar seu coração só para parecer morta... É sério, Julieta? Você achou mesmo que esse plano era bom?

Mas agora, quando falamos de Romeu e Julieta, nunca atentamos para as ações insanas e idiotas; só vemos o amor e o romantismo.

Ao pensar no início do meu relacionamento com Howard, vejo como foi engraçado e romântico, mas também como foi uma boa prévia do que viria no futuro. Como mulher, você sempre se lembra da primeira estupidez que seu homem fez. Bem, a dele foi a seguinte: nós já trabalhávamos juntos havia cinco meses, e, apesar de realmente gostarmos um do outro como pessoa, nenhum de nós via o outro de uma perspectiva romântica. Howard estava ocupado demais com a série de TV que acabara de criar. E meu maior obstáculo era o fato de que ele era meu chefe no meu primeiro emprego na televisão, e, é claro, sou maluca, mas não sou estúpida. Então Howard me ligou em pânico numa tarde de domingo, pois tinha perdido no computador o resumo do que um dia viria a ser a espinha dorsal do primeiro roteiro para a TV pelo qual recebi crédito. Não hesitei e disse a ele que estaria em sua casa dentro de vinte minutos para procurar.

Encontrei o arquivo perdido, e então começamos a trabalhar em sua mesa de jantar durante duas horas, até que fomos interrompidos por uma ligação de seu irmão. Quando desligou, perguntou se eu queria fazer um *tour* pela casa. Ele e Dustin moravam lá havia quase um ano, e a casa parecia gritar "pai divorciado", porque as paredes estavam nuas, havia poucos móveis e muitos papéis de bala no chão (que eu sentia não serem necessariamente culpa de Dustin).

A única coisa de que realmente me lembro do *tour* foi que um dos três quartos no segundo andar estava vazio, a não ser por uma cadeira, mas os planos de Howard eram um dia transformá-lo em uma biblioteca, o que também desencorajaria o pernoite de hóspedes. E no terceiro andar havia um pequeno espaço de pé-direito alto que dava para o quarto principal e tinha duas varandas. É óbvio que áreas externas não são raridade no sul da Califórnia, mas para mim aquilo era o máximo. (Na época eu sublocava um pequeno apartamento em West Hollywood; havia uma laranjeira de verdade na frente da minha janela sobre a qual eu não parava de falar para meus amigos da costa leste.)

Juntos naquela varanda, começamos a sentir repentinamente que aquele momento era como o final de um primeiro encontro, cheio de expectativas, e a conversa vazia dele era só porque estava nervoso demais para agir. Não vou dizer que entrei em pânico, mas fui eu quem sugeri que descêssemos e terminássemos o trabalho para eu poder ir embora. Olha, não sei se aquele "clima" estava realmente rolando ou se eu estava louca. Mas eu tinha certeza de que aquilo não era um primeiro encontro, e a última coisa que eu queria era ser personagem de uma reportagem de TV sobre os riscos de se envolver com colegas de trabalho.

Quando chegamos lá embaixo, pedi nervosa para usar o banheiro e foi lá que me dei uma bronca falando comigo mesma no espelho. Garanti a mim mesma que era tudo coisa da minha cabeça, que foram a varanda e o pôr do sol que me fizeram achar o momento romântico, e que éramos só dois colegas de trabalho que por acaso gostavam um do outro como pessoas. E só.

Quando saí do banheiro, vi Howard sentado diante da mesa, e é aí que... FADE IN:

(Bem vindo a Hollywood. Por favor, tenha em vista que o seguinte roteiro mostra como as coisas realmente aconteceram; não há efeitos dramáticos, e posso dizer sinceramente que foi melhor do que qualquer coisa que eu já tenha escrito.)

INT. SALA DE JANTAR/ESTAR — COMEÇO DA NOITE

JENNY, 35 anos, sai do lavabo e entra na sala de estar. HOWARD, 42, está sentado diante de uma mesa de jantar de vidro. Jenny senta-se do outro lado da mesa, diante dele.

HOWARD: Tem um problema aqui.

JENNY: Hã? Não, não tem. Confie em mim, a gente conseguiu fechar a história do Sherman.

HOWARD: O problema não é esse.

JENNY: Oi?

HOWARD: Acho que eu quero te beijar. Isso é um problema?

JENNY: Ah, bem, eu...

HOWARD: Deixa eu te perguntar uma coisa. O que você faria se estivesse no meu lugar?

JENNY: Ah, não! Não vou cair nessa!

HOWARD: Então como a gente resolve esse problema?

JENNY: Bem, hum, sabe, a gente podia... Sei lá, talvez fazer uma lista de prós e contras?

Com um FLOREIO, Howard vira um pedaço de papel que está sobre a mesa, na sua frente. Pega uma caneta e rapidamente escreve LISTA DE PRÓS E CONTRAS.

HOWARD (escrevendo): Prós: seria gostoso, EU QUERO, você é bonita, gosto de você, mãos bonitas, garota legal, não pensa demais. Contras: situação chata no trabalho, você é neurótica (e eu também), trabalhamos juntos.

Ele larga a caneta.

HOWARD: Então, o que a gente faz agora?

JENNY: Bem, normalmente, acho que uma decisão é tomada com base no número de prós em relação ao de contras, mas não sei se vai funcionar nesse caso específico. Tem uns contras bem fortes.

HOWARD: É verdade.

JENNY: Mas...

HOWARD: O quê?

JENNY: Bem, já que somos dois neuróticos, talvez a gente devesse... a gente poderia se beijar e ver...

HOWARD: Porque pode ser horrível.

JENNY: Exatamente.

Sentindo-se aliviado, Howard escreve "pode ser horrível" em "prós".
Então, HOWARD JOGA a caneta e MARCHA ao redor da mesa e TOMA JENNY em seus braços e a BEIJA. É UM BEIJO ESPETACULAR. Depois de vários segundos eles se separam e olham um para o outro.

HOWARD: Foi...

JENNY: Não foi horrível.

HOWARD: Definitivamente não foi horrível.

Howard pega a caneta e escreve "NÃO FOI HORRÍVEL — CONTRAS". Então ele SUBLINHA e CIRCULA isso duas vezes por precaução.

HOWARD: O que a gente faz agora?

JENNY: Que tal terminar o resumo?

HOWARD: Não. Chega de trabalho.

JENNY: A gente pode dar uns amassos no sofá por uns vinte minutos, mas nada de tirar a roupa, ok?

HOWARD: Fechado.

FADE OUT.

Guardei a lista original de prós e contras que Howard escreveu naquela noite (1º de outubro de 2006), e agora está emoldurada junto com o roteiro que você acabou de ler. Está pendurada numa das paredes da mesma casa que visitei naquele dia, mas que hoje chamo de lar. (É uma das poucas coisas que temos na parede. Também temos móveis, uma biblioteca e um colchão inflável na garagem para hóspedes que queiram pernoitar.)

Se você analisar o que aconteceu, vai ver que a primeira atitude idiota de Howard foi querer discutir nosso primeiro beijo antes mesmo de ele acontecer. A segunda foi que eu estava brincando quando sugeri a lista de prós e contras, mas ele estupidamente a escreveu mesmo assim. E por último ele não fez a coisa inteligente, que seria seguir a lista de prós e contras; em vez disso, ele foi estúpido e a ignorou, apesar de os contras claramente pesarem mais que os prós. Bastaram

HOMENS SÃO ESTÚPIDOS

três atos idiotas sucessivos e um beijo fantástico para ele me conquistar. É claro que às vezes atos idiotas fazem você dormir no sofá, mas às vezes lhe dão a oportunidade de dar uns amassos no sofá. Alguns meses depois, a estupidez vestiu sua capa e salvou a pátria de novo, quando ele se recusou a aceitar minha lógica louca ao tentar terminar com ele baseada somente nos meus próprios temores de sair magoada no futuro.

Naquela noite, eu botei na cabeça que não tínhamos a menor chance de ter um futuro e expliquei que havia dez mil motivos para aquela relação não dar certo. Relacionamentos são complicados, nós dois somos complicados, o momento era complicado, nós dois temos personalidades fortes, somos escritores, divorciados, ele tem uma ex-mulher e um filho, eu tecnicamente nem morava na Califórnia, e, sério, como poderíamos sequer considerar que aquilo funcionaria?

Meus argumentos eram emocionais e não faziam o menor sentido. Howard poderia facilmente ter riscado minha loucura do seu mapa exatamente ali, mas não. Estupidamente mergulhou na minha areia movediça e começou a dizer coisas idiotas.

— O que você tem medo de que aconteça já aconteceu.

Do que ele estava falando? O que ele queria dizer? Aquilo não fazia sentido.

— Você está certíssima, há dez mil razões para essa relação não funcionar.

Ele está concordando comigo mesmo que não faça o menor sentido? Nossa, ele é mais estúpido do que eu achava.

— Temos que arranjar um jeito de funcionar.

Ele está me dizendo o que fazer? Ou está querendo dizer que eu não sei o que estou fazendo? O que ele vai dizer agora, que eu sou louca?

Em algum momento nas horas seguintes, minha loucura, como a própria lua, começou a passar por várias fases, enquanto Howard teimava em tentar me fazer enxergar as coisas de um jeito diferente. Meu argumento até então fora de que havia dez mil coisas desconhecidas que podiam levar ao nosso fracasso, mas o de Howard era: por que não pensar nas dez mil coisas que nos fizeram ficar juntos, em primeiro lugar?

Ai meu Deus, que coisa estúpida de se dizer. Ele realmente acha que vai conseguir me convencer de qualquer coisa me dizendo exatamente o contrário do que digo? E depois ele vai me dizer que é o dia do contrário? Os homens são tão estuuuu — espera, talvez ele tenha alguma razão. Tipo, e se eu não tivesse ido àquela festa em Nova York onde conheci o colega de produção de Howard, Emile? E se eu não tivesse sentado ao lado dele no ônibus? (A festa era na parte de cima de um ônibus de turismo de dois andares, e você tinha que ficar sentado no andar de cima para os semáforos não te cegarem.) E se eu não quisesse tentar ser roteirista de TV? E se Howard nunca tivesse criado o seriado Em caso de emergência? E se nossa primeira reunião tivesse sido ruim e eu não fosse contratada? E se Howard não fosse uma anta com computadores e não tivesse perdido aquele arquivo naquele dia específico? E se não tivesse uma casa com varanda? E se tivesse seguido o conselho da lista de prós e contras e decidisse não me beijar? E se aquele primeiro beijo fosse horrível? E se ele não tivesse me ligado no dia seguinte? E se ele não tivesse me convencido de que deveríamos começar a sair em segredo apesar de trabalharmos juntos? E se a intensidade da minha loucura o assustasse? E se ele tivesse me deixado terminar o namoro?

Naquela noite, Howard disse uma das coisas mais inteligentes que já ouvi sobre relacionamentos (não apenas de um homem, mas também de mulheres). Disse que em qualquer relação com que você se importa, tem que "proteger a possibilidade de um final feliz". Então ressaltou que não era uma frase original, mas que estava citando um famoso diretor de teatro, que disse que quando você dirige uma comédia romântica tem que achar a graça no conflito, e não levar as coisas longe demais numa direção obscura, porque aí o negócio pode facilmente se tornar uma tragédia e — *o que ele está fazendo?*

Está me dando uma aula de teoria dramatúrgica agora, bem no meio da minha lamentável tentativa de terminar com ele? Que situação absurda.

A louca, como se vê, ouve mais o estúpido do que o inteligente.

Viu? A louca e o estúpido são o par perfeito, e não é algo cheio de sutilezas, mas algo maravilhoso e simplesmente óbvio. O óbvio é óbvio por uma simples razão: é verdade. Você tem que ser uma mulher louca para lidar com um homem estúpido, e você tem que ser estúpido para suportar uma maluca. Então talvez não seja tão complicado quanto achamos.

Venho por meio deste propor um novo paradigma — uma simples e nova verdade — que é: em vez de achar que a loucura e a estupidez são o que mantém homens e mulheres em conflito, devemos evocar Howard, enfiar esta ideia na cabeça e nos perguntar: **e se forem a loucura e a estupidez que nos mantêm juntos?**

Às vezes Howard diz que só quer paz. Fala isso nos meus dias de loucura intensa, mas conheço-o bem o suficiente para saber que não é isso que ele realmente quer (ele só quer que eu pare de falar e o deixe ler o jornal). Ele só é estúpido demais para articular isso da forma correta. Acho isso incrivelmente fofo e bonitinho. Às vezes acho que Howard não tem noção de nada e não sobreviveria um dia sem mim, e o que realmente quero dizer é que ele não tem noção de nada e não sobreviveria um dia sem mim; e é claro que ele é estúpido, mas ele é o meu estúpido e o que quero dizer com isso é que eu não ia querer viver um dia sem ele. (E, só para registrar, Howard, saiba que se eu for fingir minha morte por algum motivo prometo que contaria pessoalmente a você antes. Porque eu poderia mandar um torpedo ou um e-mail, mas e se você recebesse tarde demais ou esquecesse seu celular no carro? Ou perdesse seus óculos na areia?

Aqui está minha lista de prós e contras de estar com um estúpido:

Prós: Eu o amo. Ele me ama. Eu o amo.

Contras: O quê? Quem, eu? Por que você acha que eu teria contras? Obviamente não sou do tipo pessimista.

DEPOIS
HEJ

— Então...

— Então...?

— Conseguimos! Acabamos de escrever o livro e não terminamos. Acho que toda a sua preocupação era só a sua loucura. E talvez eu não seja tão estúpido, afinal. E se você não sabe como agir agora, é aqui que deve concordar comigo.

— Ainda é cedo.

— O quê?

— Ainda podemos terminar. Hoje.

— Nós vamos terminar hoje?!

— Você não sabe até onde uma mulher pode ir para provar que está certa. Mas a gente pode voltar semana que vem. Talvez até amanhã. O que você vai fazer lá pelas 15h?

— Ai, meu Deus, você é completamente maluca.

— Onde você vai?

— A gente terminou. Posso ir aonde eu quiser.

— A gente não terminou até eu dizer que a gente terminou. Na verdade, a gente já terminou, voltou, eu estava certa, você ainda é estúpido, tem bolo aqui, você quer bolo?

— Bem, eu adoro bolo...

AGRADECIMENTOS

HOWARD: Queria agradecer a todos que se entusiasmaram e acreditaram neste livro: Sean Malone, que me mandou sair do carro dele e começar a escrever imediatamente, Jonah Nolan e Lisa Joy, Heather Holst, May Chan, Flavio D'Oliveira, Victoria Grantham, Justin Joffe, Rob Lotterstein, Alan Blane, Roz Moore e David Holden, e nada do que eu escreva é completo sem uma menção ao Sherman. Também tenho que agradecer a Emile Levisetti, que me apresentou a Jenny (e também foi um dos primeiros a acreditar); Jonathan Silverman e Jennifer Finnigan, cujo grande romance causou a briga que inspirou este livro; Heather Maltby, nossa assistente e mediadora do jogo dos casais; Josann McGibbon e Sara Parriot, que me contaram o segredo de que "as mulheres são feitas de muitos pedacinhos" e ao diretor Jerry Zaks, que **realmente** disse: "Proteja a possibilidade de um final feliz."

Um obrigado especial a Elliot Webb, que aguenta minhas reclamações sem fim e às vezes disputa comigo quem reclama mais; e a George Sheanshang, porque ele é o melhor amigo e leitor que um escritor poderia ter.

E a Dustin, que me mostra todas as coisas sobre as quais ainda tenho que escrever.

E, é claro, a Jenny Lee, porque cada dia com ela é uma aventura e cada noite é a melhor festa do mundo.

JENNY: Este livro não seria possível sem o amor, o estímulo e o apoio das seguintes pessoas: minha cunhada Susan Stonehouse Lee, meus sobrinhos Benjamin e Addison Lee, Doozy (nosso cachorrinho), Wendell (meu outro cachorro), Nadine Morrow (e Finn também — vocês dois realmente me mantiveram com a cabeça no lugar durante o processo!), Victoria Grantham, Stephanie Staal, Tasha Blaine, Christine Zander, Jessi Klein, Laura Clement, Linda Lazo, Jenner Sullivan, Anne King, Danielle Sacks, Janet Lee, Christina Ohly Evans, Jason Anthony, Caitlin McGinty, Dorian Howard, Ali Isaacs, Kelly Edwards, Richard Russel, Tracy Poust, Ingrid Sheaffer, David Feeney, Lisa Langworthy, Ashley Cramer, Heather Maltby, Lisa Joy e Jonah Nolan, Carrie Jacobsen (e o Pilates Place), a Brentwood Art Center, e a todos os casais que participaram do jogo dos casais, Bryan Huddleston, meu primeiro namorado e todos os outros namorados e casinhos de todos esses anos (sem sua estupidez coletiva, eu nunca seria tão loucamente esperta em relação aos homens — haha).

Também queria dar um superobrigada a Howard (o que é estranho, eu sei, já que escrevemos este livro juntos), pois ele já acreditava de verdade neste livro muito antes de mim (em minha defesa, digo que eu realmente achava que terminaríamos por causa do livro). Sem sua fina arte da persuasão (com o cutucão firme e amoroso), eu poderia ter sido louca o suficiente para deixar este projeto fantástico passar. Você é o melhor namorado do mundo.

HOWARD E JENNY: Queríamos agradecer a nossa agente literária, Andy Barzvi, que acreditou neste livro no instante em que entramos em seu escritório; a todas as pessoas da Simon Spotlight Entertainment, especialmente Patrick Price (ou, como gostamos de chamá-lo, Patrick Priceless), nosso fabuloso editor que não tem preço, e nosso apoio mais dedicado. Ficamos muito felizes por tê-lo encontrado e não poderíamos ter feito este livro sem você.

Este livro foi composto em Iowan Old Stile BT corpo
10,5/14,5, e impresso pela Ediouro Gráfica sobre papel
pólen soft 70g/m² para a Agir em março de 2011.